Kecerdasan Emosi Dan Kemahiran Kaunselor

Dr. Mohamed Sharif Mustaffa

Zainatul Azura M.Nasir

Prepared by Fast Publication

www.FastPublication.com

ISBN-10: 1470065991

ISBN-13: 978-1470065997

This book is derived from a research which was for a dissertation submitted in partial
fulfillment of the requirements for the award of the degree of Master of Education
(Guidance and Counseling) in Faculty of Education, Universiti Teknologi Malaysia.

KANDUNGAN

BAB 1 **PENDAHULUAN**

BAB 2   KAJIAN LITERATUR

BAB V   RUMUSAN, PERBINCANGAN DAN CADANGAN

BAB 1

PENDAHULUAN

1.1 Pengenalan

Kecerdasan emosi merupakan satu cabang ilmu yang masih baru dalam disiplin psikologi. Apabila kecerdasan emosi mula diperkenalkan kepada dunia, banyak sarjana yang mempersoalkan berkenaan keperluan dan signifikannya kepada kejayaan dan kebahagian hidup manusia. Selama ini, ramai yang mengganggap bahawa jika seseorang individu itu memiliki tingkat kecerdasan intelektual yang tinggi, maka individu itu akan memiliki peluang untuk meraih kejayaan yang lebih baik berbanding dengan yang lain.

Bagaimanapun menurut Goleman (1995), kejayaan seseorang individu, secara keseluruhanya sebanyak 20% bergantung pada tahap Kecerdasan Intektual (IQ), manakala sebanyak 80% bergantung kepada keberkesanan seseorang mengurus dan mengawal emosi (EQ). Kecemerlangan akademik memainkan peranan untuk mendapatkan sesuatu pekerjaan tetapi ianya tidak menjamin seseorang itu dapat menunjukkan prestasi kerja yang baik.

Goleman (1999), juga menegaskan bahawa individu yang cemerlang memiliki kelebihan berbanding dengan individu lain dalam mengawal emosi. Mereka mampu melaksanakan tugasan yang sukar tanpa bersungut dan rasa terbeban, boleh menjalinkan kerjasama sebagai satu pasukan untuk mencapai matlamat hidup dan matlamat organisasi. Ringkasnya kecerdasan emosi boleh mempengaruhi keupayaan individu untuk menguasai cabaran dan tekanan dalam persekitaran.

Sehubungan dengan itu, dunia pendidikan masa kini berhadapan dengan cabaran untuk melahirkan generasi muda yang seimbang, harmonis, berilmu pengetahuan, memiliki kecerdasan intelek serta kecerdasan emosi yang baik dalam usaha merealisasikan aspirasi bagi menjadikan Malaysia sebuah negara maju tahun 2020. Hasrat ini selari dengan Falsafah Pendidikan Negara (Kementerian Pelajaran Malaysia, 2002) yang memberi penekanan kepada aspek kecerdasan emosi sebagai salah satu potensi individu yang ingin dikembangkan dalam sistem pendidikan di Malaysia. Perkembangan ini menyebabkan organisasi sekolah memerlukan warga pendidik khususnya guru-guru kaunseling yang mampu menguasai pelbagai kemahiran bagi membolehkan mereka terus produktif dalam persekitaran yang penuh dengan cabaran.

Menyedari hakikat bahawa guru kaunseling perlu membina daya ketahanan untuk berdepan dengan cabaran dalam merealisasikan aspirasi negara, satu aspek yang perlu diberi penekanan ialah keupayaan penguasaan tahap kecerdasan emosi yang tinggi bagi menentukan kualiti dan keberkesanan perkhidmatan yang diberikan. Kenyataan ini selaras dengan hasil kajian yang dijalankan oleh Mohd. Najib *et.al.* (2002) yang telah membuktikan kepentingan kecerdasan emosi (EQ) yang tinggi dalam kalangan guru-guru. Dapatan kajian ini menunjukkan bahawa kecerdasan emosi dalam kalangan guru-guru adalah amat penting dalam melaksanakan proses perundingan dengan pelajar supaya pendidikan menjadi lebih berkesan.

Secara keseluruhannya, dapatan kajian yang dinyatakan di atas menunjukkan tahap penguasaan kecerdasan emosi seseorang mampu mempengaruhi pemikiran dan tindakan yang diambil. Pemahaman yang baik mengenai tahap kecerdasan emosi diri akan dapat membantu guru-guru kaunseling dalam usaha untuk meningkatkan kualiti profesionalisme perkhidmatan bimbingan dan kaunseling yang diberikan. Oleh itu, kajian ini dijalankan untuk mengenalpasti apakah tahap kecerdasan emosi dalam kalangan guru-guru kaunseling.

Tahap penguasaan kecerdasan emosi didapati berbeza-beza berdasarkan faktor jantina, umur, tahap pendidikan dan lain-lain faktor yang berkaitan dengan latar belakang seseorang. Ini bertepatan dengan kajian tinjauan yang dijalankan oleh Florence Flethcer (2007) untuk mengenalpasti perbezaan tahap kecerdasan emosi berdasarkan faktor demografi yang merangkumi aspek jantina, umur, bangsa, tahap pendidikan dan taraf perkahwinan. Kajian ini adalah selari dengan kajian yang dijalankan oleh Noriah *et.al* (2002), untuk melihat perbezaan tahap kecerdasan emosi berdasarkan faktor demografi dalam kajiannya mengenai profil kecerdasan emosi pelajar.

Sehubungan dengan itu, kajian ini telah mengambil kira faktor demografi yang mempunyai peranan dan pengaruhnya tersendiri terhadap tahap penguasaan kecerdasan emosi. Justeru itu, skop kajian akan diperluaskan dengan mengenalpasti perbezaan tahap kecerdasan emosi guru-guru kaunseling berdasarkan faktor demografi.

Dalam usaha melahirkan guru kaunseling yang profesional dan mahir, faktor kecekapan kaunseling juga perlu diambil perhatian yang sewajarnya. Elemen kecekapan kaunseling terbahagi kepada dua aspek iaitu kecekapan kemahiran dan perkembangan personal seperti yang telah dijelaskan oleh Sapora Sipon (2001) dalam usaha merealisasikan kepimpinan profesional kaunselor.

Kepakaran seseorang kaunselor merupakan elemen yang penting dalam menentukan keberkesanan proses kaunseling (Whiston & Cooker, 2000). Namun, kecekapan kemahiran adalah lebih penting kerana telah dipersetujui oleh pakar-pakar terapi sebagai faktor yang paling utama dalam pemilihan calon kaunselor (Grunebaum, 1983; Neukrug, Miliken & Williams, 1993; Neukrug, Miliken & Shoemaker, 2001). Oleh yang demikian, setiap kaunselor bertanggungjawab untuk memastikan dirinya cekap dan berkemahiran sebagai syarat utama untuk memberi perkhidmatan kaunseling yang lebih berkesan dan cemerlang.

Meskipun kajian kecerdasan emosi semakin mendapat tempat dalam dunia penyelidikan di luar negara, namun dalam konteks penyelidikan dalam negara, setakat ini masih belum banyak kajian berkaitan kecerdasan emosi khususnya yang mengaitkan dengan kecekapan kemahiran dan perkembangan personal dalam kalangan guru-guru kaunseling. Oleh yang demikian, adalah menjadi tanggungjawab penyelidik untuk mengembangkan kajian yang berkaitan dengan kecerdasan emosi dan kecekapan kemahiran dan perkembangan personal dalam kalangan guru-guru kaunseling sekolah menengah selaras dengan tuntutan perkembangan semasa yang meletakkan elemen kecerdasan emosi sebagai salah satu faktor penjana perkhidmatan berkualiti. Natijah kesedaran terhadap kecerdasan emosi, diharap dapat menyumbang kepada peningkatan kecekapan kemahiran dan perkembangan personal dalam kalangan guru-guru kaunseling yang kemudiannya dapat dimanifestasikan dalam peningkatan kualiti perkhidmatan bimbingan dan kaunseling di sekolah.

1.2   Latar Belakang Kajian

Dapatan dari kajian-kajian barat membuktikan bahawa kecerdasan emosi memainkan peranan penting dalam persekitaran kerja (Bar-On, 1997; Caruso, 2004; Goleman, 1996; Mayer & Salovey, 1997; Weisenger, 1998) dan mempunyai hubungan dengan keyakinan diri (Constantine 2001; Williams 2001; McManus 2001; Easton 2004). Menurut mereka, elemen kecerdasan emosi dan keyakinan menjalankan proses kaunseling boleh dianggap sebagai teras dalam membina perkhidmatan kaunseling yang berkualiti.

Kepentingan kecerdasan emosi terhadap kerjaya seseorang telah dibuktikan dengan kenyataan yang dikemukakan oleh Goleman (1999), yang menyatakan bahawa kecerdasan emosi adalah merupakan satu trait yang diperlukan oleh seseorang untuk berjaya dalam kerjaya. Ianya berkait rapat dengan nilai yang dipegang oleh seseorang dan boleh memberikan kesan ke atas prestasi individu tersebut. Aspek kecerdasan emosi seperti sifat sabar apabila menghadapi masalah dan halangan, mempunyai keyakinan diri, bermotivasi untuk mencapai matlamat, keberkesanan kerja berpasukan, mempunyai kemahiran untuk menangani konflik dan potensi kepimpinan sangat diperlukan dalam melepasi cabaran-cabaran dalam era dunia globalisasi ini.

Menurut Isen *et. al.* (1985), guru yang mencapai tahap kecerdasan emosi yang baik bukan sahaja dapat mengawal emosi dirinya sebagai seorang guru di sekolah tetapi juga dapat mengaplikasikannya untuk pelbagai faedah. Pertama, kecerdasan emosi boleh digunakan untuk membuat pertimbangan dan amaran terhadap perkara yang sepatutnya diberikan tumpuan. Kedua, penguasaan kecerdasan emosi yang baik boleh digunakan untuk menggalakkan penyertaan, membuat pilihan dan keputusan. Ketiga, kecerdasan emosi boleh digunakan untuk membina proses kognitif tertentu, seperti membina emosi yang positif bagi menjana kreativiti, pemikiran integratif dan penyebab induktif.

Guru-guru kaunseling kini berhadapan dengan berbagai isu persekitaran kerja yang melibatkan dirinya, pihak pentadbir, rakan sekerja, pelajar dan ibubapa (Siti Halimah, 2003; Suradi, 2004, 2005). Kepelbagaian isu yang dihadapi menjadi cabaran kerjaya yang mampu menggugat perkembangan personal dan prestasi perkhidmatan guru-guru kaunseling. Beberapa hasil kajian lepas (Che Supeni, 2000 dan Siti Halimah, 2004) mendapati kesan daripada cabaran kerjaya yang dialami menyebabkan guru-guru kaunseling sepenuh masa sekolah menengah di negara ini bersetuju jika mereka diberikan tugas untuk mengajar berbanding dengan menjadi kaunselor sekolah. Hasil kajian di atas menggambarkan wujudnya petanda awal berhubung daya ketahanan emosi di kalangan guru-guru kaunseling yang membabitkan isu penguasaan kecerdasan emosi dan faktor kekcekapan dalam melaksanakan perkhidmatan bimbingan dan kaunseling di sekolah.

Isu profesionalisme guru-guru kaunseling telah mendapat perhatian berbagai pihak semenjak perkhidmatan ini diperkenalkan pada tahun 1960an. Meskipun berbagai bentuk program peningkatan profesionalisme guru-guru kaunseling telah dilaksanakan oleh pihak Kementerian Pelajaran Malaysia (KPM) dan pihak-pihak berkaitan, namun masih kedengaran pandangan-pandangan negatif berhubung ketidakcekapan guru-guru kaunseling dalam menyediakan perkhidmatan berkesan. Sebahagian guru-guru kaunseling sekolah dilihat masih kabur tentang peranan profesional, kurang cekap dalam mensejajarkan amalan kaunseling dengan budaya organisasi dan kadangkala gagal memberikan penyelesaian secara efektif kepada masalah yang dihadapi (Mohd. Hashim dan Sharifah Aminah, 2005; Zuria, 2005; Zakiah, 2005). Hasil kajian ini menggambarkan wujudnya isu-isu penguasaan kecerdasan emosi dan ketidakcekapan guru-guru kaunseling dalam melaksanakan perkhidmatan bimbingan dan kaunseling di sekolah.

Kepentingan kecerdasan emosi dalam kerjaya sebagai seorang kaunselor diperjelaskan dalam Dictionary Of Occupation Titles (U.S. Development Of Labour, 1991, ms. 68);

> *"The task of a counselor is to assist individuals to understand and overcome social and emotional problems, and similarly, social perceptiveness is listed as the most important skill for mental health counselors, along judgement and decision making social perceptiveness is defined as being aware of self and others, reactions and understanding why they react as they do. Emotions certainly play significant part in why people behave the way they do.*

Kecerdasan emosi dilihat menjadi salah satu faktor yang menyumbang kepada peningkatan prestasi dan kualiti kerja guru kaunseling. Implikasi tahap kecerdasan emosi yang tinggi ke atas perkhidmatan kaunseling di sekolah melibatkan keupayaan guru-guru kaunseling untuk terus bertahan menyelesaikan tugas membantu klien meskipun terpaksa berhadapan dengan berbagai kesukaran. Kualiti tingkah laku mereka yang tidak mudah gelisah, terganggu dalam situasi tertekan, boleh berurusan dan berkomunikasi dengan berkesan serta terus komited melaksanakan tugas dianggap sebagai kaunselor yang berdaya tahan dan memiliki tahap kecerdasan emosi yang tinggi (Cherniss & Goleman, 2001).

Dapatan dari kajian-kajian yang dinyatakan di atas menunjukkan elemen kecerdasan emosi dikenalpasti sebagai salah satu trait yang diperlukan untuk meningkatkan prestasi dan kualiti perkhidmatan yang diberikan. Justeru itu, kajian terhadap kecerdasan emosi di kalangan guru-guru kaunseling wajar dijalankan kerana profesion sebagai guru kaunseling di sekolah menengah merupakan profesion yang sangat mencabar dan guru kaunseling memikul tanggungjawab yang besar dalam melaksanakan aspirasi pendidikan negara. Kerjaya ini amat memerlukan kekuatan emosi kerana guru-guru kaunseling di sekolah menengah berhadapan dengan pelbagai cabaran dan halangan dalam memberikan perkhidmatan bimbingan dan kaunseling yang berkualiti dan berkesan. Meskipun kajian kecerdasan emosi telah dijalankan dalam pelbagai aspek, namun kajian untuk melihat tahap penguasaan tahap kecerdasan emosi dalam kalangan guru-guru kaunseling masih kurang diteroka.

Walaupun begitu, tahap penguasaan kecerdasan emosi adalah berbeza-beza mengikut faktor demografi seseorang. Kajian yang dijalankan oleh Noriah, Siti Rahayah, Syed Najmuddin (2003) mendapati bahawa umur dan pengalaman memainkan peranan penting dalam mempengaruhi tahap kecerdasan emosi dalam kalangan guru-guru. Kajian ini juga adalah selari dengan kajian yang dijalankan oleh Syafrimen (2007) yang mendapati bahawa faktor demografi seperti sekolah, jantina dan umur adalah memainkan peranan penting dalam mempengaruhi tahap penguasaan kecerdasan emosi seseorang guru kaunseling.

Selain dari itu, dapatan dari kajian-kajian lepas juga menunjukkan bahawa perbezaan tahap pengguasaan kecerdasan emosi adalah berdasarkan faktor demografi seseorang (Liew, Gan & Sia, 2002; Florence Fletcher, 2007; Noriah Mohd Ishak et.al.,2002). Menurut mereka, faktor demografi seperti jantina, umur, taraf perkahwinan dan tahap pendidikan yang berbeza memberikan pengaruh dan kesan yang berbeza terhadap tahap penguasaan kecerdasan emosi seseorang. Sehubungan dengan itu, lebih banyak kajian perlu dilaksanakan dalam usaha untuk mengkaji dan mengenalpasti faktor-faktor yang mempengaruhi tahap penguasaan kecerdasan emosi seseorang supaya dapatan yang informatif ini dapat dimanfaatkan dalam kehidupan seharian.

Selain dari faktor kecerdasan emosi dan trait peribadi yang perlu dimiliki oleh seseorang guru kaunseling dalam memastikan keberkesanan perkhidmatan bimbingan dan kaunseling yang diberikan, terdapat satu lagi faktor yang perlu diberi penekanan dan perhatian iaitu faktor kecekapan kemahiran dan perkembangan personal guru-guru kaunseling. Ini bersesuaian dengan pernyataan yang dikemukakan oleh Sabariah (2004) yang menyatakan bahawa untuk menjadi kaunselor yang berkesan merupakan satu kombinasi antara eksplorasi peribadi dan perkembangan diri dengan penguasaan pengetahuan dan latihan kemahiran.

Pendapat di atas juga adalah selari dan disokong dengan pandangan oleh Welfel (2006), yang memberi penekanan bahawa kaunseling adalah proses yang berlaku dengan menggariskan tiga aspek utama untuk menjadi seorang kaunselor yang cekap iaitu ilmu pengetahuan, sikap dan kemahiran. Menurut mereka antara ciri-ciri seorang kaunselor yang efektif dan cekap adalah berkemahiran dalam menyampaikan dan dapat menggalakkan orang lain berkomunikasi secara terbuka dan jujur, berkebolehan merangsang perasaan percaya dan yakin pada diri klien yang dibantu dan boleh berkomunikasi dengan rasa prihatin dan hormat pada klien yang ingin dibantu.

Pernyataan di atas menunjukkan kesamaan dan keselarasan dengan konsep berkaitan kecekapan seseorang kaunselor yang dinyatakan oleh Lauver dan Harvey (1997) dalam model kecekapan kaunselor yang telah menggariskan tiga faktor penting untuk menjadi seorang kaunselor yang berkesan. Beliau menggabungkan ketiga-tiga elemen iaitu individu (person), pengetahuan kaunseling (knowledge) dan kemahiran kaunseling (skills) dalam usaha membentuk satu kecekapan kaunseling yang efektif. 'Individu' yang dimaksudkan merangkumi sikap, nilai, kepercayaan, keperluan, kebolehan dan pengharapan yang dibina oleh seseorang itu untuk menjadi kaunselor. 'Pengetahuan kaunseling' pula adalah merujuk kepada ilmu-ilmu yang berkaitan dengan perkembangan kaunseling yang perlu ada pada seseorang kaunselor yang mahir dan cekap. Manakala elemen yang ketiga adalah berkaitan dengan 'kemahiran kaunseling' itu sendiri dan aspek ini menuntut kaunselor untuk mengguasai kemahiran memahami klien dan seterusnya membantu klien memahami diri dan masalahnya.

Dalam membincangkan isu kecekapan kemahiran dan perkembangan personal guru kaunseling, maka aspek kecekapan kemahiran merupakan salah satu elemen penting yang perlu diberi penekanan. Ini selaras dengan pandangan Carkhuff dan Berenson (1967) yang menyatakan bahawa seseorang yang memiliki tahap kecekapan kemahiran yang tinggi adalah merujuk kepada mereka yang berkeupayaan menggunakan kemahiran-kemahiran tertentu seperti kemahiran parafrasa, kemahiran mendengar, kemahiran konfrontasi, kemahiran membuat refleksi dan sebagainya dengan berkesan dalam proses kaunseling yang dijalankan.

Pernyataan ini disokong oleh Shamsuri Omar (1996), dalam kajiannya yang menekankan kepada faktor kemahiran kaunseling yang menyumbang kepada kejayaan atau kegagalan kaunselor dalam menjalankan sesi kaunseling. Kajian yang dijalankan ke atas pelajar-pelajar untuk mendapatkan maklumabalas dan persepsi terhadap guru kaunseling, mendapati bahawa kecekapan dan kemahiran guru kaunseling seperti kemahiran mendengar, kemahiran membuat refleksi dan sebagainya adalah merupakan faktor yang penting dan paling menyumbang dalam menentukan kejayaan sesi kaunseling yang dijalankan oleh guru kaunseling sekolah.

Dapatan ini juga selari dengan kajian oleh Amla et. al. (2001) yang menunjukkan bahawa kaunselor-kaunselor pelatih telah menggunakan kemahiran asas seperti kemahiran mendengar, dorongan minima, soalan terbuka dan soalan tertutup yang merupakan respons paling kerap digunakan berbanding kemahiran yang lain seperti refleksi emosi dan merumus semasa proses kaunseling dijalankan.

Selain dari itu, aspek perkembangan personal juga merupakan salah satu elemen penting yang mempengaruhi keberkesanan perkhidmatan bimbingan dan kaunseling. Ini selaras dengan pandangan Boyatzis (2002), yang berpendapat, untuk menjadi seorang kaunselor yang berkesan dan pembimbing eksekutif, seseorang itu perlu sensitif akan perasaan orang lain yang merujuk aspek empati. Di samping itu, untuk menjadi seorang yang sensitif akan perasaan orang lain, dia perlu sensitif akan dirinya sendiri terlebih dahulu, yang merujuk kepada aspek kesedaran emosi kendiri. Kedua-dua komponen yang utama itu amat signifikan pada tahap kemahiran interpersonal. Menurutnya lagi, seseorang kaunselor pasti akan menjadi lebih berkesan sekiranya mereka berada pada tahap personal diri yang mantap.

Dapatan di atas, menunjukkan keselarian dengan pandangan Welfel (2006), yang menyatakan seseorang kaunselor harus dapat menguasai kebolehan untuk memahami tingkahlaku klien tanpa menunjukkan nilai *judgemental*. Kaunselor juga harus dapat mengenalpasti tingkahlaku *self defeating* dan membantu klien memperkembangkan tingkahlaku bercorak *self rewarding*. Disamping itu, kaunselor harus mempunyai kepakaran dalam sesuatu bidang tertentu yang bernilai di sisi klien, berkebolehan untuk memberi penyelesaian masalah secara sistematik dan mempunyai gaya pemikiran yang bersistem, cekap dalam memahami sosial, budaya dan politik semasa.

Sehubungan dengan pernyataan-pernyataan dan kajian-kajian di atas, didapati elemen kecerdasan emosi, kecekapan kemahiran dan perkembangan personal guru kaunseling merupakan pembolehubah-pembolehubah yang banyak diberi tumpuan dan merupakan peramal yang penting dalam memantapkan perkhidmatan kaunseling. Gandingan elemen kecerdasan emosi, kecekapan kemahiran dan perkembangan personal perlu diteroka dan diberi perhatian yang sewajarnya dalam usaha untuk melahirkan guru-guru kaunseling yang profesional dan berkualiti.

Memandangkan kecerdasan emosi, kecekapan kemahiran dan perkembangan personal merupakan kemahiran yang boleh dipelajari, digarap dan boleh diperkembangkan, maka kajian untuk melihat tahap kecerdasan emosi guru-guru kaunseling, tahap kecekapan kemahiran dan perkembangan personal guru kaunseling perlu dijalankan sebagai langkah awal ke arah penambahbaikan kualiti perkhidmatan bimbingan dan kaunseling.

Pendedahan tentang kepentingan elemen kecerdasan emosi, kecekapan kemahiran dan perkembangan personal kepada seseorang guru kaunseling adalah amat mustahak. Manakala keupayaan untuk mengenalpasti tahap kecerdasan emosi, tahap kecekapan kemahiran dan perkembangan personal pula, mampu memberikan maklumat berharga kepada guru-guru kaunseling dalam menilai keberkesanan diri dan menilai keberkesanan perkhidmatan bimbingan dan kaunseling. Natijah kesedaran terhadap kecerdasan emosi, diharap dapat menyumbang kepada peningkatan kualiti perkhidmatan bimbingan dan kaunseling di sekolah.

Walaupun sejak kebelakangan ini, kajian berhubung dengan kecerdasan emosi mula mendapat perhatian daripada pengkaji-pengkaji dari luar dan dalam negara, namun kajian terhadap tahap kecerdasan emosi ini kurang dikaitkan dengan kecekapan kemahiran dan perkembangan personal khususnya dalam kalangan guru-guru kaunseling. Justeru itu, dalam kajian ini, penyelidik akan meneroka persoalan-persoalan berkaitan dengan aspek kecerdasan emosi. Persoalan yang ingin diteroka bagi mendapat jawapan melalui kajian secara empirikal adalah untuk mengkaji tahap kecerdasan emosi. Selain itu, kajian ini juga akan mengenalpasti perbezaan tahap kecerdasan emosi berdasarkan faktor demografi guru-guru kaunseling, tahap kecekapan kemahiran dan perkembangan personal kalangan guru-guru kaunseling dan seterusnya melihat hubungan yang wujud antara tahap kecerdasan emosi dengan tahap kecekapan kemahiran dan perkembangan personal guru-guru kaunseling.

1.3   Pernyataan Masalah

Faktor kecerdasan emosi, kecekapan kemahiran dan perkembangan personal guru kaunseling merupakan satu tanggungjawab profesional yang memberikan gambaran sebenar tentang perkhidmatan kaunseling yang berhubung kait dengan identiti profesional. Ketiga-tiga elemen ini telah mendapat perhatian berbagai pihak semenjak perkhidmatan guru kaunseling sepenuh masa mula diimplementasikan di Malaysia pada tahun 1996.

Namun, isu yang dapat dikesan ialah wujudnya persepsi bahawa kepincangan dalam perkhidmatan kaunseling adalah disebabkan masalah penguasaan kecerdasan emosi, ketidakcekapan kemahiran kaunseling dan kualiti personal dalam kalangan kaunselor termasuklah guru-guru kaunseling (Mohamad Hashim & Sharifah Amnah, 2005). Ini selaras dengan pandangan Abd. Halim (Berita Harian, 1 November, 2007) yang mencadangkan agar perkhidmatan kaunseling di sekolah perlu melalui proses pemantapan dan transformasi yang melibatkan ketiga-tiga elemen kecerdasan emosi, kecekapan kemahiran dan peningkatan kualiti personal guru-guru kaunseling.

Sehubungan dengan itu, bagi menyangkal persepsi komuniti di samping meningkatkan kualiti perkhidmatan kaunseling, satu usaha perlu dijalankan bagi mengkaji tahap kecerdasan emosi, mengenalpasti perbezaan tahap kecerdasan emosi berdasarkan faktor demografi, mengkaji tahap kecekapan kemahiran dan tahap perkembangan personal dan seterusnya meneroka hubungan yang wujud antara elemen-elemen tersebut dalam kalangan guru-guru kaunseling sekolah menengah. Usaha ini bertepatan dengan keperluan untuk menjana kecekapan diri kaunselor melalui penguasaan kecerdasan emosi. peningkatan kemahiran dan perkembangan personal dalam kalangan guru-guru kaunseling

Kecerdasan emosi, kecekapan kemahiran dan perkembangan personal merupakan komponen penting yang perlu difahami dan dikenalpasti oleh setiap guru kaunseling dalam usaha untuk meningkatkan martabat profesionalisme guru kaunseling. Pengenalpastian tahap kecerdasan emosi menyediakan maklumat berharga kepada guru kaunseling dalam menilai keberkesanan diri seterusnya menjadi pemangkin ke arah peningkatan kualiti peribadi dan kecekapan kemahiran kaunseling.

Meskipun kajian kecerdasan emosi telah dijalankan secara meluas dalam berbagai aspek, namun kajian yang mengaitkan komponen kecerdasan emosi dengan kecekapan kemahiran dan perkembangan personal guru kaunseling masih belum banyak diterokai sama ada di peringkat luar negara mahupun dalam negara.

Rentetan dari itu, kajian ini akan memberi penekanan dalam merungkai empat persoalan berkaitan tahap kecerdasan emosi guru-guru kaunseling. Dalam kajian ini, penyelidik akan mengenalpasti tahap kecerdasan emosi, melihat sama ada terdapat perbezaan tahap kecerdasan emosi berdasarkan faktor demografi, mengenalpasti tahap kecekapan kemahiran dan perkembangan personal dan seterusnya mengkaji hubungan yang wujud antara tahap kecerdasan emosi dengan kecekapan kemahiran dan perkembangan personal dalam kalangan guru kaunseling.

1.4   Objektif Kajian

Objektif kajian secara khususnya adalah seperti berikut:

1.4.1 Mengenalpasti tahap kecerdasan emosi (kesedaran kendiri, pengawalan kendiri, motivasi kendiri, empati dan kemahiran sosial) guru-guru kaunseling sekolah menengah daerah Kulaijaya.

1.4.2 Mengenalpasti perbezaan tahap kecerdasan emosi (kesedaran kendiri, pengawalan kendiri dan motivasi kendiri, empati dan kemahiran sosial) mengikut faktor demografi (jantina, lokasi sekolah, gred perjawatan dan tempoh perkhidmatan) dalam kalangan guru kaunseling.

1.4.3 Mengenalpasti tahap kecekapan kemahiran dan perkembangan personal guru-guru kaunseling sekolah menengah daerah Kulaijaya.

1.4.4 Mengenalpasti hubungan antara kecerdasan emosi (kesedaran kendiri, pengawalan kendiri dan motivasi kendiri, empati dan kemahiran sosial) dengan kecekapan kemahiran dan perkembangan personal dalam kalangan guru kaunseling.

1.5 Persoalan Kajian

1.5.1 Apakah tahap kecerdasan emosi (kesedaran kendiri, pengawalan kendiri, motivasi kendiri, empati dan kemahiran sosial) guru-guru kaunseling sekolah menengah daerah Kulaijaya?

1.5.2 Adakah terdapat perbezaan tahap kecerdasan emosi (kesedaran kendiri, pengawalan kendiri, motivasi kendiri, empati dan kemahiran sosial) mengikut faktor demografi (jantina, lokasi sekolah, gred perjawatan dan tempoh perkhidmatan) dalam kalangan guru kaunseling sekolah menengah daerah Kulaijaya?

1.5.3 Apakah tahap kecekapan kemahiran dan perkembangan personal guru-guru kaunseling sekolah menengah daerah Kulaijaya?

1.5.4 Adakah terdapat hubungan antara kecerdasan emosi (kesedaran kendiri, pengawalan kendiri, motivasi kendiri, empati dan kemahiran sosial) dengan kecekapan kemahiran dan perkembangan personal guru-guru kaunseling sekolah menengah daerah Kulaijaya?

1.6   Hipotesis Kajian

Bagi menjawab persoalan kajian kedua Hipotesis nol 1 telah dibentuk untuk diuji.

Hipotesis nol 1:

Tidak terdapat perbezaan yang signifikan antara tahap kecerdasan emosi (kesedaran kendiri, pengawalan kendiri, motivasi kendiri, empati dan kemahiran sosial) mengikut faktor demografi guru-guru kaunseling sekolah menengah di daerah Kulaijaya, Johor.

Bagi menjawab persoalan kajian keempat, Hipotesis nol 21 dan Hipotesis nol 22 telah dibentuk untuk diuji.

Hipotesis nol 21

Tidak terdapat hubungan yang signifikan dan positif antara kecerdasan emosi (kesedaran kendiri, pengawalan kendiri, motivasi kendiri, empati dan kemahiran sosial) dengan kecekapan kemahiran guru-guru kaunseling sekolah menengah di daerah Kulaijaya, Johor.

Hipotesis nol 22:

Tidak terdapat hubungan yang signifikan dan positif antara kecerdasan emosi (kesedaran kendiri, pengawalan kendiri, motivasi kendiri, empati dan kemahiran sosial) dengan perkembangan personal guru-guru kaunseling sekolah menengah di daerah Kulaijaya, Johor.

1.7   Kerangka Konsep Kajian

Kerangka konsep kajian ini digambarkan dalam rajah 1.1 yang direka bagi menunjukkan gambaran keseluruhan kajian yang dijalankan. Kerangka konsep ini merangkumi dua bentuk hubungan iaitu antara komponen kecerdasan emosi dengan faktor demografi dan hubungan seterusnya antara komponen kecerdasan emosi dengan komponen kecekapan kemahiran dan perkembangan personal.

Rajah 1: Kerangka Konsep Kajian

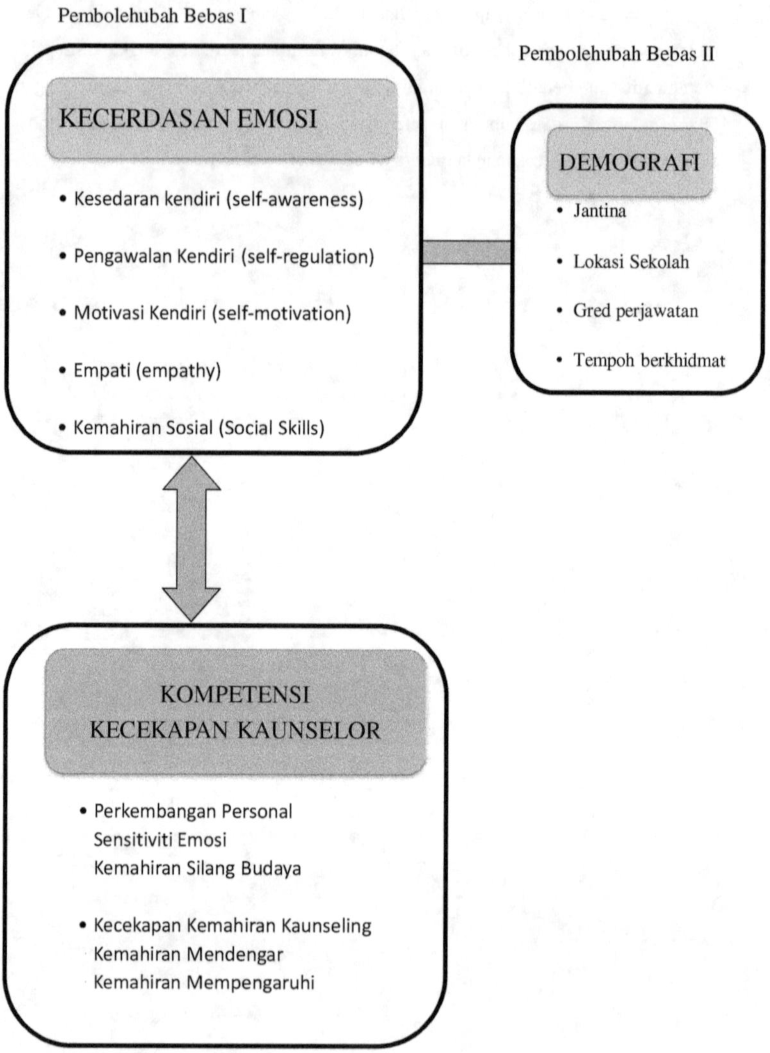

Pembolehubah Bebas I

Pembolehubah Bebas II

KECERDASAN EMOSI

- Kesedaran kendiri (self-awareness)

- Pengawalan Kendiri (self-regulation)

- Motivasi Kendiri (self-motivation)

- Empati (empathy)

- Kemahiran Sosial (Social Skills)

DEMOGRAFI

- Jantina

- Lokasi Sekolah

- Gred perjawatan

- Tempoh berkhidmat

KOMPETENSI KECEKAPAN KAUNSELOR

- Perkembangan Personal
  Sensitiviti Emosi
  Kemahiran Silang Budaya

- Kecekapan Kemahiran Kaunseling
  Kemahiran Mendengar
  Kemahiran Mempengaruhi

Rajah 1.1 menunjukkan secara grafik kerangka konsep kajian yang menunjukkan hubungan antara komponen-komponen demografi (pembolehubah bebas) dan kecerdasan emosi (pembolehubah bebas) dengan komponen kecekapan kemahiran dan perkembangan personal (pembolehubah bersandar).

Dalam kajian ini, kerangka konsep kajian yang dibentuk menunjukkan hubungan antara komponenen-komponen kecerdasan emosi dan faktor demografi yang berperanan sebagai pembolehubah bebas, manakala komponen kecekapan kemahiran dan perkembangan personal adalah bertindak sebagai pembolehubah bersandar.

Pembolehubah demografi adalah terdiri daripada jantina, lokasi sekolah, gred perjawatan dan tempoh perkhidmatan. Pembolehubah kecerdasan emosi pula adalah terdiri daripada kesedaran kendiri, pengawalan kendiri, motivasi kendiri, empati dan kemahiran sosial. Pembolehubah kecekapan kemahiran merangkumi komponen kemahiran asas mendengar dan kemahiran mempengaruhi, manakala perkembangan personal adalah merangkumi komponen sensitiviti emosi dan kemahiran silang budaya.

1.8 Skop Kajian

Penyelidik telah menetapkan skop tertentu bagi kajian ini yang mengambil kira faktor masa, kos, kesesuaian dan pengoperasian penyelidikan. Pembolehubah-pembolehubah kajian pula dipilih setelah meneliti sorotan penulisan tentang kepentingan komponan kecerdasan emosi untuk disepadukan dengan kecekapan kemahiran dan perkembangan personal.

Pembolehubah bebas kecerdasan emosi akan dilihat dalam lima faktor atribusi yang disarankan oleh Goleman (1999) terhadap kecerdasan emosi. Faktor-faktor tersebut ialah Kesedaran Emosi Kendiri (*self-awareness),* Pengawalan Emosi Kendiri (*self-regulation*), Motivasi Kendiri (*self-motivation*), Empati *(empathy)* dan Kemahiran Sosial *(social skills).*

Di samping itu, pembolehubah bebas seterusnya adalah terdiri daripada komponen demografi. Dalam kajian ini, penyelidik telah mengenalpasti empat faktor demografi yang diuji untuk melihat perbezaan tahap penguasaan kecerdasan emosi di kalangan guru kaunseling iaitu faktor jantina, lokasi sekolah, gred perjawatan dan tempoh perkhidmatan.

Manakala pembolehubah bersandar adalah terdiri daripada komponen kecekapan kemahiran dan perkembangan personal yang melibatkan komponen-komponen berikut; sensitiviti emosi, kemahiran silang budaya, kemahiran mendengar dan kemahiran mempengaruhi (Wilbur, 1991).

1.9   Batasan Kajian

Kajian ini juga mempunyai beberapa batasan yang melibatkan lokasi kajian. Bagi tujuan pemilihan lokasi kajian, penyelidik telah mengenalpasti satu daerah yang berada pada kedudukan terendah dalam laporan prestasi Sijil Pelajaran Malaysia tahun 2008, 2009 dan 2010 (Jabatan Pelajaran Negeri Johor, 2010). Persampelan secara purposif telah dibuat dan daerah yang dipilih sebagai lokasi kajian adalah daerah Kulaijaya. Oleh itu, kajian ini hanya tertumpu kepada guru-guru kaunseling di daerah yang terpilih sebagai lokasi kajian.

Guru-guru kaunseling sekolah menengah daerah Kulaijaya merupakan sasaran bagi kajian ini. Hasil rujukan data yang diperolehi dari Pejabat Pelajaran Daerah Kulaijaya yang telah dikemaskini sehingga 03 Mei 2010, didapati populasi guru kaunseling sekolah-sekolah menengah adalah seramai 52 orang yang sedang berkhidmat di enam belas buah sekolah menengah daerah Kulaijaya, Johor.

Bagi tujuan kajian yang dijalankan ini melibatkan pengumpulan data daripada guru-guru kaunseling yang terdiri daripada guru kaunseling lelaki dan perempuan dari kaum Melayu, Cina dan India. Kajian ini melibatkan guru-guru kaunseling sekolah menengah yang terlatih secara formal dan sedang berkhidmat di sekolah-sekolah menengah daerah Kulaijaya, Johor dan terhad kepada ciri-ciri berikut :

i)   Dilantik oleh Kementerian Pelajaran Malaysia.

ii)   Berkhidmat sepenuh masa di sekolah.

iii) Mempunyai latihan sekurang-kurangnya Ijazah Sarjana Muda dalam bidang Pendidikan Kaunseling atau Psikologi.

1.10   Kepentingan Kajian

Dapatan kajian ini dijangka dapat memberikan input yang penting khususnya kepada Pejabat Pelajaran Daerah Kulaijaya dan seterusnya kepada Jabatan Pelajaran Negeri Johor, pihak pentadbir sekolah dan guru-guru kaunseling. Di samping itu, dapatan kajian ini dapat dijadikan panduan kepada pihak Kementerian Pelajaran Malaysia, Institut Pengajian Tinggi, Institut Pendidikan Guru dan Pusat Latihan Kaunseling.

1.10.1 Pejabat Pelajaran Daerah

Dapatan kajian ini dapat menjadi panduan dan sumber rujukan khususnya kepada pihak pengurusan Pejabat Pelajaran Daerah Kulaijaya untuk menilai semula peranan guru-guru kaunseling dalam membantu meningkatkan prestasi akademik pelajar. Dapatan ini juga dapat dijadikan rujukan dalam usaha untuk mengenalpasti keperluan guru-guru kaunseling dan seterusnya merancang program-program peningkatan professionalisme yang bersesuaian dalam usaha untuk meningkatkan kualiti perkhidmatan bimbingan dan kaunseling yang diberikan di sekolah.

1.10.2 Pentadbir Sekolah

Bagi pihak pentadbir sekolah, kajian ini diharap dapat dijadikan rujukan dalam mengenalpasti guru-guru kaunseling yang menawarkan perkhidmatan bimbingan dan kaunseling yang berkualiti dan berkesan. Ekoran dari itu, hasil kajian ini mampu dijadikan rujukan dan menjadi panduan dalam membuat penilaian prestasi dan dalam membuat pemilihan untuk kenaikan pangkat di kalangan guru-

guru kaunseling. Pemilihan guru kaunseling yang berkualiti dan berkaliber dalam aspek peningkatan kerjaya adalah sangat penting sebagai sokongan pentadbir sekolah dari segi moral yang akhirnya akan memberi implikasi kepada keberkesanan perkhidmatan bimbingan dan kaunseling yang diberikan.

Selain itu, kajian ini juga diharapkan dapat memberikan kesedaran bahawa sokongan pentadbir menjadi penyumbang yang sangat penting kepada keberkesanan guru kaunseling. Sokongan pentadbir sekolah baik dari segi moral, pembangunan diri, idea mahupu material dapat menjana kecekapan kemahiran guru kaunseling dalam melaksanakan program-program kaunseling di sekolah dengan lebih berkesan.

1.10.3 Guru Kaunseling

Hasil kajian ini dapat memberikan kefahaman tentang keperluan seorang guru kaunseling untuk menyiapkan diri mereka agar menjadi seorang guru kaunseling yang berkesan, kerana guru kaunseling yang menguasai tahap kecerdasan emosi serta menguasai tahap kecekapan kemahiran dan perkembangan personal yang tinggi, sudah tentu dapat menangani dengan bijak pelbagai masalah yang melibat klien dari pelbagai golongan dan latar belakang.

Dapatan kajian ini dapat dijadikan sumber maklumat dan dapat membantu guru kaunseling menilai semula tahap kecerdasan emosi melalui penemuan secara empirikal dan kajian yang terperinci. Natijahnya, guru-guru kaunseling akan memperolehi khazanah ilmu dan panduan terutamanya ketika mereka berhadapan dengan isu kecekapan diri dalam melaksanakan perkhidmatan bimbingan dan kaunseling.

1.10.4 Jabatan Pelajaran Negeri

Dapatan kajian ini dapat menjadi sumber rujukan kepada pihak pengurusan Jabatan Pelajaran Negeri untuk mengenalpasti keperluan guru-guru kaunseling dan seterusnya merancang program-program peningkatan professionalisme yang bersesuaian dalam usaha untuk meningkatkan kualiti perkhidmatan bimbingan dan kaunseling yang diberikan di sekolah.

1.10.5 Institusi-institusi Berkaitan

Dapatan kajian ini dapat dijadikan sebagai sumber rujukan kepada institut pengajian tinggi, institut pendidikan guru dan pusat latihan kaunseling dalam mengenalpasti dan membuat pemilihan calon-calon pelajar yang bersesuaian untuk mengikuti bidang pengajian yang berkaitan dengan bidang Kaunseling dan Psikologi. Pihak institut pengajian tinggi, institut pendidikan guru dan pusat latihan kaunseling juga dapat mengemaskini dan membuat penambahbaikan program-program pengajian dan latihan Kaunseling dan Psikologi yang ditawarkan kepada pelajar-pelajar berdasarkan data dan maklumat yang diperolehi daripada kajian ini.

1.11   Definisi Konsep Dan Operasional

Dalam konteks kajian ini, konsep dan istilah-istilah yang digunakan bagi mewakili pembolehubah-pembolehubah utama didefinisikan sebagai berikut:

1.11.1 Kecerdasan emosi (EQ)

Menurut Kamus Dewan (1999), kecerdasan bermaksud kesempurnaan akal untuk berfikir dan mengerti. Emosi pula membawa maksud perasaan atau jiwa yang kuat seperti sedih, marah, gembira dan lain-lain. Kecerdasan emosi adalah konsep kecerdasan yang luas dan ada kaitan dengan kesedaran ke atas emosi dan perasaan dan bagaimana perasaan dapat berinteraksi dengan kecerdasan intelektual.

Konsep kecerdasan emosi mengikut Mayer dan Salovey (1997) bermaksud satu bentuk kebolehan memantau dan meregulasikan emosi diri dan emosi orang lain, dapat membezakan antara keduanya dan boleh menguruskan maklumat itu untuk mengarah pemikiran dan tindakannya.

Dalam konteks kajian ini, kecerdasan emosi difokuskan kepada lima komponen iaitu Kesedaran Kendiri, Pengawalan Kendiri, Motivasi Kendiri, Empati dan Kemahiran Sosial. Lima komponen kecerdasan emosi ini adalah merujuk kepada lima faktor atribusi kecerdasan emosi seperti yang disarankan oleh Goleman (1999).

1.11.1.1 Kesedaran Kendiri (*self-awareness*)

Konsep kesedaran kendiri bermakna kebolehan mengawal diri (perasaan) dalam sesuatu situasi. Kebolehan ini seterusnya dapat membantu individu membuat keputusan yang kongruen dengan pegangan atau nilai dirinya. Secara tidak langsung ia juga membolehkan seseorang individu itu membuat penilaian yang realistik. Individu yang memiliki kelebihan ini akan sentiasa menyedari kekuatan dan kelemahan dirinya, bersikap terbuka apabila menerima maklumbalas daripada orang lain dan bersedia untuk belajar dari pengalaman yang dilalui (Goleman, 1999).

Dalam kajian ini, definisi operasi kesedaran kendiri diertikan sebagai keupayaan guru kaunseling untuk mengenali perasaan yang dialami olehnya. Selain itu, kesedaran kendiri juga merujuk kepada kemampuan seseorang guru kaunseling untuk menggendalikan emosi dirinya dengan lebih baik.

1.11.1.2 Pengawalan Kendiri (*self-regulation*)

Pengawalan kendiri bererti mengawal emosi sendiri supaya tidak dicampur adukkan dengan tugas dan tekanan emosi yang dihadapi. Pengawalan kendiri sebenarnya terbina atas sebab kesedaran terhadap diri, penglahiran emosi dan niat. Keupayaan mengawal emosi juga membantu individu memulihkan kesedihan emosi dengan berkesan. Dengan itu individu yang berjaya mengurus emosi diri akan cepat bebas daripada kitaran emosi yang kritikal (Goleman, 1999).

Dalam konteks kajian ini, definisi operasi pengawalan kendiri bermaksud kebolehan seseorang guru kaunseling untuk mengawal emosinya dan mengarah emosinya untuk berfikir sebelum bertindak.

1.11.1.3 Motivasi Kendiri (*self-motivation*)

Konsep motivasi kendiri adalah merujuk kepada kecenderungan emosi yang menggerak dan memandu ke arah pencapaian matlamat. Motivasi juga memandu kita mengambil inisitif dan berusaha untuk memajukan diri serta tabah dalam menghadapi kesedihan dan kekecewaan. Individu yang tinggi tahap motivasinya lebih mudah dalam membuat sesuatu penilaian yang realistik dan tidak mudah berputus asa (Goleman, 1999).

Dalam kajian ini, motivasi kendiri adalah bermaksud kebolehan seseorang guru kaunseling menggunakan dorongan dalaman dalam menggerakkan diri sendiri untuk mencapai sesuatu matlamat.

1.11.1.4 Empati (*empathy*)

Konsep empati adalah diertikan sebagai satu kebolehan untuk mengenali dan memahami orang lain dan boleh memberi pertimbangan sewajarnya terhadap mereka. Manusia jarang mempamerkan gangguan emosi yang dialami secara berterus terang. Selalunya ia dapat disedari melalui isyarat-isyarat emosi seperti perubahan nada suara dan ekspresi wajah. Kebolehan individu merasai situasi-situasi emosi ini telah membangkitkan kesedaran emosi diri dan keupayaan mereka menguruskan situasi emosi ini. Perasaan empati ini akan memudahkan seseorang individu menjalin perhubungan dengan individu lain (Goleman, 1999).

Dalam konteks kajian ini, definisi operasional empati diertikan sebagai keupayaan guru kaunseling untuk memahami perasaan orang lain serta meletakkan situasi orang lain dalam situasi diri sendiri.

1.11.1.5 Kemahiran Sosial *(social skills)*

Kemahiran sosial bermakna kebolehan mengurus emosi orang lain dalam perhubungan dengan berkesan dan sentiasa bersedia dengan situasi-situasi sosial serta interaksi yang mesra dengan orang lain. Kemahiran ini juga memberi kelebihan kepada seseorang itu dari segi memujuk, berunding dan menyelesaikan perbalahan dengan individu lain supaya kerjasama secara berpasukan dapat diwujudkan. Individu yang dapat menguasai kemahiran ini akan mencapai kepuasan dalam perhubungan sosialnya dan beroleh kejayaan dalam bidang yang diceburinya (Goleman, 1999).

Dalam kajian ini, definisi operasi kemahiran sosial adalah merujuk kepada kebolehan guru kaunseling berinteraksi dengan orang lain dalam suasana yang positif dan produktif.

1.11.2 Kecekapan Kemahiran

Kecekapan menurut Kamus Dewan & Pustaka (1999) ditakrifkan sebagai kesanggupan dan kemampuan serta kebolehan melakukan sesuatu (seperti kerja) dengan cepat dan sempurna, mempunyai kemahiran dan kepandaian untuk melakukan sesuatu serta kepantasan melaksanakannya. Manakala kemahiran pula, menurut Kamus Dewan & Pustaka (1999) ditakrifkan sebagai kecekapan dan kepandaian seseorang. Williams (2001) pula mentafsirkan kecekapan kemahiran sebagai satu sikap dan pemahaman tugas yang spesifik yang dimiliki oleh seseorang untuk membolehkannya menguasai tugasan tersebut.

Bagi tujuan kajian ini, komponen kecekapan kemahiran adalah merujuk kepada dua faktor seperti yang telah digariskan oleh Wilbur (1991) iaitu Kemahiran Mendengar dan Kemahiran Mempengaruhi. Komponen kecekapan kemahiran ini dipilih berdasarkan kesesuaian dan bertepatan dengan persoalan kajian yang ingin diteroka.

1.11.2.1 Kemahiran Mendengar

Kemahiran mendengar bermaksud kebolehan untuk mendengar apa yang dinyatakan oleh klien. Ini didapati dari kemahiran asas komunikasi seperti kemahiran melayan, kesediaan memberi maklumbalas, membuat parafrasa, kemahiran merumus dan mentafsir apa yang dinyatakan oleh klien. Kemahiran mendengar adalah untuk melihat dan menunjukkan bagaimana kaunselor memahami *world view* klien (Torres–Rivera, Wilbur, Robert-Wilbur dan Phon, 1999).

Dalam konteks kajian ini, kemahiran mendengar adalah merujuk kepada keupayaan guru kaunseling untuk mendengar dan memahami mesej yang disampaikan samada secara verbal mahupun secara non verbal.

1.11.2.2 Kemahiran Mempengaruhi

Konsep kemahiran mempengaruhi adalah merujuk kepada kebolehan kaunselor mempengaruhi klien dalam memandu klien ke arah memahami diri, membina strategi dan melaksanakan pelan tindakan. Kemahiran konfrontasi, memfokus dan refleksi makna adalah merupakan antara sebahagian dari kemahiran mempengaruhi dalam sesi kaunseling (Ivey, 1996).

Dalam kajian ini, definisi operasi kemahiran mempengaruhi bermaksud keupayaan guru kaunseling untuk mempengaruhi klien, memberi nasihat, memberi maklumat dan kemahiran memberi arahan dalam sesi kaunseling yang dijalankan.

1.11.3 Perkembangan Personal

Perkembangan menurut Kamus Dewan & Pustaka (1999) ditakrifkan sebagai pertumbuhan dan kemajuan . Manakala personal pula, menurut Kamus Dewan & Pustaka (1999) ditakrifkan sebagai peribadi dan keperibadian seseorang. Carkhuff & Berenson (1967) pula mendefinisikan perkembangan personal sebagai kebolehan individu menambah kefahaman terhadap diri sendiri dan diterjemahkan di dalam proses kaunseling dan perhubungan sosial yang efektif.

Bagi tujuan kajian ini, komponen perkembangan personal adalah merujuk kepada dua faktor seperti yang telah digariskan oleh Wilbur (1991) iaitu Sensitiviti Emosi dan Kemahiran Silang Budaya. Komponen perkembangan personal ini dipilih berdasarkan kesesuaian dengan persoalan kajian yang ingin diteroka.

1.11.3.1 Sensitiviti Emosi

Konsep sensitiviti emosi adalah merujuk kepada keupayaan kaunselor dalam memahami emosi, nilai kepercayaan dan cara hidup klien termasuk dalam kemahiran komunikasi, kesedaran kendiri, sensitiviti, empati, pendedahan kendiri, ketelusan dan keaslian yang ada dalam diri kaunselor yang berkesan (Corey et. al., 2006).

Dalam konteks kajian ini, definisi operasi sensitiviti emosi adalah merujuk kepada kepekaan guru kaunseling dalam memahami emosi dan kepekaan guru kaunseling pada keseluruhan gaya hidup klien.

1.11.3.2 Kemahiran Silang Budaya

Konsep kemahiran silang budaya ditafsirkan sebagai kebolehan kaunselor untuk mengenal dan menangani isu-isu berkaitan dengan kepelbagaian (diversity), kebangsaan (racism) dan prejudis yang akan memberi kesan dalam perhubungan semasa sesi kaunseling dijalankan (Wilbur 1991).

Dalam kajian ini, definisi operasi kemahiran silang budaya bermaksud kemampuan guru kaunseling untuk memahami, menerima dan menghormati perbezaan kepercayaan, budaya, cara hidup dan dunia klien.

1.11.4   Guru kaunseling

Guru Kaunseling di Malaysia adalah merujuk kepada seorang Pegawai Perkhidmatan Pendidikan Siswazah yang mempunyai latarbelakang pendidikan ijazah pertama Bimbingan & Kaunseling dan Psikologi atau selainnya yang diiktiraf oleh Jabatan Perkhidmatan Awam dan telah dilantik oleh Kementerian Pendidikan Malaysia sebagai Guru kaunseling Pelajar Sepenuh Masa di sekolah-sekolah menengah di seluruh Malaysia.

Akta Guru kaunseling 1998(Akta 580), mendefinisikan guru kaunseling merupakan profesion terlatih dalam bidang kaunseling ataupun bidang-bidang berkaitan seperti kerjaya, perkahwinan, seksual, pendidikan, dan pengurusan, mampu bertindak sebagai pembimbing dengan memberi maklumat dan cadangan untuk membantu klien mengenalpasti kebolehan diri serta melakukan perubahan dan membuat keputusan dan menentukan matlamat.

Dalam konteks kajian ini, definisi operasi guru kaunseling adalah merujuk kepada individu yang khusus bertugas secara terarah di sekolah untuk memberikan pertolongan kepada orang lain dalam usaha menyelesaikan sesuatu masalah yang dihadapi oleh klien (orang yang datang berjumpa dengan guru kaunseling).

1.1 2 Penutup

Bab ini menggambarkan keseluruhan kajian yang dimulakan dengan pengenalan dan diikuti oleh latar belakang kajian yang membincangkan isu-isu yang mendorong perlaksanaan kajian. Kemudian, diikuti dengan perbincangan tentang pernyataan masalah, objektif kajian, persoalan kajian, hipotesis kajian, kerangka konsep kajian, kepentingan kajian, skop dan batasan kajian dan definifi konsep dan definisi operasi.

Hasil dari kajian-kajian lepas yang telah dibincangkan dalam bab 1 ini, membuktikan bahawa peranan kecerdasan emosi sememangnya penting di dalam diri seseorang individu. Kenyataan-kenyataan yang telah diberikan membawa kepada penemuan salah satu elemen penting sebagai penyumbang untuk melahirkan guru kaunseling yang profesional dan mahir. Kecerdasan emosi merupakan suatu kebangkitan diri seseorang terhadap satu tindakbalas atau reaksi melalui sesuatu benda atau keadaan yang dialami. Elemen kecerdasan emosi merupakan trait personaliti yang perlu dimiliki oleh setiap guru kaunseling untuk berjaya dalam kerjayanya.

Kesedaran terhadap peranan kecerdasan emosi sebagai penentu kejayaan hidup perlu ditetapkan di dalam jiwa generasi hari ini terutamanya dalam diri guru-guru kaunseling. Manakala, kecekapan kemahiran dan perkembangan personal pula merupakan elemen yang penting dalam memastikan proses kaunseling dapat dijalankan dengan berkesan. Justeru itu, peranan kecerdasan emosi terhadap tahap kecekapan kemahiran dan perkembangan personal merupakan sesuatu yang perlu dikaji dan diperluas menerusi penyelidikan terutamanya dalam usaha untuk meningkatkan mutu perkhidmatan bimbingan dan kaunseling di sekolah serta sebagai persediaan kepada guru-guru kaunseling untuk menghadapi cabaran kerjaya yang semakin kompleks dan mencabar.

Untuk mencapai objektif yang ditetapkan, empat persoalan kajian dikemukakan untuk mengkaji tahap kecerdasan emosi, mengkaji perbezaan tahap kecerdasan emosi mengikut demografi, mengkaji tahap kecekapan kemahiran dan perkembangan personal dan seterusnya mengkaji hubungan antara kecerdasan emosi dengan kecekapan kemahiran dan perkembangan personal. Empat persoalan kajian ini disokong dengan tiga hipotesis nol. Walaupun kajian ini dihadkan kepada skop dan batasan tertentu, adalah diharapkan dapatan yang diperolehi dapat dimanfaatkan oleh pihak-pihak yang berkaitan demi memartabatkan profesion guru kaunseling.

BAB 2

KAJIAN LITERATUR

2.1   Pengenalan

Bab ini akan membincangkan teori dan model utama kajian iaitu Teori Kecerdasan Emosi (Goleman, 1995) serta Model Kecekapan Kemahiran dan Perkembangan Personal Kaunselor (Wilbur, 1994). Di samping itu, bab ini akan menerangkan sorotan kajian yang berkaitan dengan tahap kecerdasan emosi, sorotan kajian berkaitan perbezaan tahap kecerdasan emosi berdasarkan faktor demografi, sorotan kajian berkaitan tahap kecekapan kemahiran dan perkembangan personal dan seterusnya sorotan kajian berkaitan hubungan antara kecerdasan emosi dengan kecekapan kemahiran dan perkembangan personal guru kaunseling.

2.2   Kerangka Teori Kajian

Dalam bahagian kerangka teori kajian, penyelidik membincangkan teori dan model-model utama yang menjadi asas dalam kajian yang dijalankan iaitu Teori Kecerdasan Emosi (Goleman, 1995) serta Model Kecekapan Kemahiran dan Perkembangan Personal Kaunselor (Wilbur, 1994) dan seterusnya membincangkan sorotan penghasilan model-model kecerdasan emosi, kecekapan kemahiran dan perkembangan personal.

2.2.1   Model Dan Teori Kecerdasan Emosi

Kecerdasan emosi atau *Emotional Quotient* (EQ) merupakan satu konsep yang baru dalam disiplin psikologi dan telah mendapat perhatian yang sewajar dalam tahun kebelakangan ini.   Definisi kecerdasan emosi yang diberikan oleh Murray (1998), menunjukkan kecerdasan emosi merupakan satu kebolehan untuk mengekang perasaan atau emosi negatif seperti marah dan ragu-ragu serta memfokuskan kepada perasaan positif seperti keyakinan diri.

Manakala menurut (Cooper & Sawaf, 1997), kecerdasan emosi merupakan kebolehan untuk merasai, memahami dan rnengaplikasikan emosi yang merupakan sumber tenaga dalam perhubungan dan pengaruh manusia.   Secara ringkasnya, dalam konteks organisasi, kecerdasan emosi boleh ditakrifkan sebagai satu mekanisme atau keupayaan dalam seseorang individu yang wujud untuk mengurus dan mengawal perasaannya dan juga orang lain di samping memberi dorongan positif ke arah mewujudkan satu perhubungan manusia yang dapat membawa kepada pencapaian matlamat bersama serta keberkesanan organisasi.

Dalam membincangkan tentang kecerdasan emosi, pelbagai teori dan model telah dibangunkan oleh para ilmuan yang mendalami bidang ini.   Dalam kajian ini, pengkaji mengenalpasti empat model kecerdasan emosi yang merangkumi pandangan dan pecahan-pecahan kecerdasan emosi yang dapat menjelaskan tentang bidang kajian yang masih baru ini dengan lebih jelas.

2.2.1.1 Teori Kecerdasan Emosi (Goleman, 1995)

Model utama yang digunakan dalam kajian kecerdasan emosi ialah Teori Kecerdasan Emosi (Goleman, 1995).   Menurut teori ini, kecerdasan emosi di takrifkan sebagai satu kebolehan atau kecekapan yang boleh dibentuk dalam diri seseorang melalui latihan. Dalam konsep ini, kecerdasan emosi dilihat sebagai satu *trait* yang diperlukan oleh seseorang untuk berjaya dalam kerjaya. Menurut Goleman (1995), kompetensi kecerdasan dalam dunia kerjaya bukan sahaja merangkumi kemahiran-kemahiran intelektual seperti pengetahuan dan kemahiran-kemahiran teknikal, tetapi juga kemahiran-kemahiran insani *(soft skills)* seperti keupayaan-keupayaan *intrapersonal* dan *interpersonal* berdasarkan kecerdasan emosi.

Oleh yang demikian, dapatlah difahami bahawa teori Kecerdasan Emosi (KKE) oleh Goleman (2001) memperlihatkan dua aspek kecerdasan emosi yang berbeza iaitu, yang pertama, keupayaan untuk mengetahui dan memahami diri yang disebut kecerdasan *intrapersonal,* dan aspek kedua ialah keupayaan untuk mengetahui dan memahami orang lain yang disebut sebagai kecerdasan *interpersonal.*

Teori ini membincangkan kompetensi kecerdasan emosi yang dibahagikan kepada lima komponen iaitu kesedaran kendiri (self-awareness), pengawalan kendiri *(self-regulation),* motivasi kendiri *(self-motivation),* empati *(emphaty)* dan kemahiran sosial *(social skills).* Komponen kesedaran kendiri, pengawalan kendiri dan motivasi kendiri mempunyai fungsi untuk memahami diri sendiri, manakala komponen empati dan kemahiran sosial mempunyai fungsi memahami orang lain.

Pada dasarnya, keberkesanan sosial bergantung kepada keupayaan kita menyesuaikan diri dengan emosi orang lain. Kompetensi-kompetensi kecerdasan ini saling berkaitan. Kompetensi kecerdasan yang menjadi sub komponen kepada setiap satu daripada lima komponen kecerdasan tadi adalah seperti yang ditunjukkan dalam Rajah 2.1.

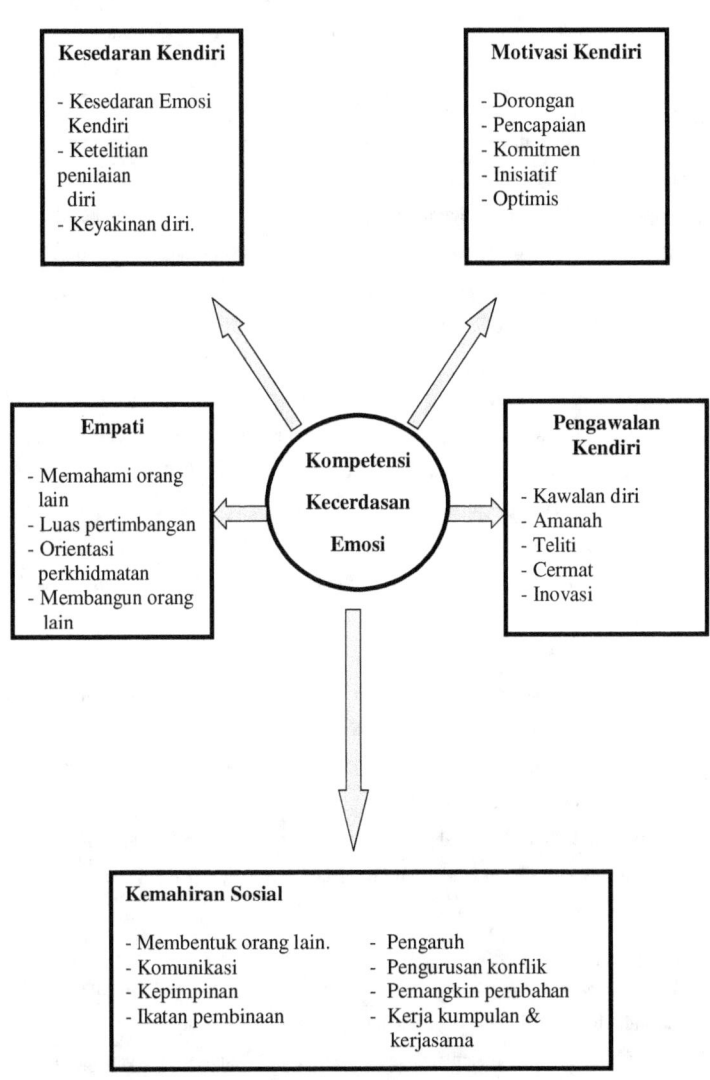

Rajah 2.1 : Kerangka Kompetensi Kecerdasan Emosi (Sumber : Goleman, D., 1998, Working with Emotional Intelligence, New York, Bantam)

Kesedaran kendiri, menurut Goleman (2001), merupakan kompetensi kecerdasan untuk memahami perasaan diri dan menilai diri dengan teliti. Seseorang yang mempunyai kesedaran kendiri mampu membuat penilaian tentang keupayaan diri dan mereka mempunyai keyakinan diri yang utuh. Mengamati diri dan mengenali perasaan diri sendiri; mengetahui hubungan antara fikiran, perasaan dan reaksi menguruskan keadaan, desakan dan sumber dalaman seseorang; memudahkan pencapaian matlamat, memahami perasaan dan masalah orang lain dan berfikir dari sudut pandangan mereka; menghargai perbezaan perasaan orang mengenai pelbagai hal kemahiran berkomunikasi dan keupayaan untuk membantu orang lain menguruskan emosinya (Goleman, 2001; Mayer & Salovey, 1997).

Oleh yang demikian, keupayaan menilai diri adalah suatu kunci untuk menyedari kekuatan dan kelemahan diri. Ketelitian dalam penilaian kendiri menjadi syarat kepada pencapaian prestasi yang tinggi (Goleman, 2001; Boyatzis, 1982). Guru-guru kaunseling yang mempunyai kompetensi kecerdasan ini mampu menyedari kebolehan dan kelemahan mereka. Mereka akan cuba mencari tindak balas daripada kesalahan yang dibuat dan cuba memperbaiki kesalahannya , sudah pasti dapat membantu memenuhi kelemahannya (Goleman, 2001).

Tahap keyakinan diri yang tinggi pula mempunyai impak positif dalam membezakan pekerja yang menyedari keperluan untuk memperbaiki diri apabila bekerja dengan orang lain berbanding dengan pekerja yang tidak dapat menyesuaikan diri yang mempunyai prestasi kerja yang sederhana (Goleman, 2001; Boyatzis, 1982; Mayer & Salovey, 1997). Biasanya mereka yang mempunyai keyakinan diri pada tahun-tahun pertama dalam pekerjaan merupakan mereka yang paling berjaya dalam pekerjaannya (Holahan & Sears, 1995).

Kompetensi kecerdasan pengawalan kendiri, menurut Goleman (2001) dimaksudkan sebagai kebolehan mengurus emosi agar ianya memudahkan dan bukannya mengganggu dalam menyelesaikan sesuatu tugasan. Pengawalan kendiri adalah keupayaan individu menangani perasaan atau mengurus emosi sendiri supaya perasaan itu sentiasa dapat disesuaikan dengan keadaan. Individu yang boleh mengawal diri mereka sentiasa berhemah dan boleh menangguhkan sementara perasaan mereka. Individu sedemikian cepat pulih dari pada tekanan emosi dan dapat memahami orang disekeliling dan menggunakan pemahaman tersebut untuk mengubahsuai dan seterusnya mendatangkan faedah kepada diri sendiri. Mereka yang lemah dan tiada keupayaan dalam menguruskan emosi kendiri akan berhadapan dengan tekanan, manakala mereka yang bijak menguruskan emosi akan dapat menghindari tekanan hidup dan kekecewaaan.

Menurut O'Rourke IV (2001), seseorang itu haruslah sentiasa memantau perasaan, kawal perasaan marah dan jangan menunjukkan kebencian atau menentang pendapat orang lain. Keupayaan mengawal emosi ini boleh membawa kepada pencapaian matlamat yang diingini.

Kompetensi kecerdasan motivasi kendiri dijelaskan sebagai keupayaan yang menyebabkan seseorang bergerak, menggunakan kehendak diri dalam untuk mencapai sesuatu tujuan, dan sebagai satu tenaga, mengarah dan dapat mengekalkan tingkah laku seseorang (Schunk, 1990; Gaga & Berliner, 1991; Gagne, Yekonich & Yekonich, 1993: Hamilton & Ghatala, 1994; Saedah, Zainun & Tunku Mohani, 1996, Omrod, 2000). Emosi menjadi satu unsur motivasi untuk menghadapi gejala-gejala seperti kekecewaan, kebimbingan dan ketakutan melalui kemahiran-kemahiran tertentu. Motivasi kendiri boleh membantu seseorang dalam mengambil inisiatif dan bersungguh-sungguh untuk memperbaiki diri. Selain itu, dengan motivasi kendiri yang tinggi, seseorang itu akan sentiasa tabah apabila menghadapi masalah atau dalam keadaan kekecewaan yang tinggi

Menurut Ryan dan Deci (2000), terdapat dua jenis motivasi yang telah dikaji secara meluas iaitu motivasi intrinsik dan motivasi ekstrinsik. Motivasi intrinsik lebih tepat dalam menjelaskan kompetensi kecerdasan emosi. Menurut Ryan dan Deci (2000), motivasi intrinsik merupakan kecenderungan semula jadi dan elemen penting dalam perkembangan kognitif, sosial dan fizikal individu serta melaluinya seseorang itu berkembang dalam pengetahuan dan kemahiran.

Mengikut teori motivasi intrinsik, manusia dilahirkan dengan kecenderungan untuk memperkembangkan kemahiraan dan melibatkan diri dalam aktiviti pembelajaran. Pengukuhan luaran tidak diperlukan kerana pembelajaran itu sendiri bertindak sebagai pengukuhan. Mengikut teori ini lagi, manusia secara semula jadi didedahkan untuk :

(a)   Mencari peluang bagi memperkembangkan kompetensi.

(b)   Mencari kebaharuan(novelty).

(c)   Mempunyai keperluan semula jadi untuk melibatkan diri dalam aktiviti sukarela (Stipek, 1988)

Kompetensi kecerdasan empati menurut Goleman (2001) merupakan kompetensi atribusi yang boleh membantu seseorang mengesan perasaan orang lain. Sifat berempati juga membolehkan seseorang melihat atau memahami sudut pandangan orang lain. Sifat ini juga boleh menjadi faktor pencetus dan penyubur kemesraan dan keserasian dengan individu dari pelbagai latar belakang. Individu yang mempunyai sifat empati boleh menyelami keperitan, kesusahan, kekecewaan atau keraguan seseorang terhadap sesuatu perkara. Empati berbeza daripada sempati. Simpati hanya setakat memahami masalah atau perlakuan seseorang. Empati adalah lebih daripada memahami masalah orang tetapi turut merasai apa yang dirasai orang itu.

Rogers (dalam Corey, Corey & Callahan 1998) menyatakan bahawa seseorang yang boleh menunjukkan sifat berempati akan lebih mudah berinteraksi dengan orang lain terutama dalam proses membantu seseorang. Sebelum kita mengenali emosi orang lain, maka terlebih dahulu kita mesti mengenali emosi sendiri. Lebih tinggi keupayaan kita menyelami emosi sendiri maka lebih mudah kita memasuki atau memahami emosi orang lain atau empati.

Menurut Abdul Rahman Abdul Aziz (2000), kecerdasan empati amat wajar dimiliki oleh guru-guru kaunseling kerana sikap empati mendorong kepada perkembangan individu dan juga dapat memperbaiki hubungan sesama manusia dan komunikasi dengan orang lain. Menurutnya lagi, empati ini bukan sahaja membantu perkembangan orang lain, tetapi juga membantu diri sendiri untuk membangunkan diri ke arah yang lebih positif. Kompetensi kecerdasan empati ini akan memperluaskan ruang dan sensitiviti kita dalam perhubungan dengan orang lain.

Menurut Goleman (2001) kemahiran sosial merupakan kompetensi kecerdasan terakhir yang menjelaskan bahawa kemahiran bersosial ini membolehkan seseorang mengurus pelbagai emosi secara efektif dalam perhubungan. Mereka juga mampu mentafsir dengan tepat situasi sosial dan jaringannya selain daripada mahir memujuk dan memimpin. Seseorang yang mempunyai kemahiran sosial yang berkesan juga mampu menjadi pakar runding yang baik di samping berkebolehan menyelesaikan konflik bagi mewujudkan semangat kerja berpasukan.

Kemahiran utama yang diperlukan untuk menguruskan emosi orang lain sebahagian besarnya memerlukan kebolehan berhubung dan berkomunikasi. Kebolehan ini menentukan keberkesanan hubungan interpersonal, kepimpinan dan kesohoran. Mereka yang cemerlang dalam kemahiran ini dapat mewujudkan interaksi yang baik dengan orang lain. Mengenali emosi orang lain dapat dilakukan apabila seseorang itu memiliki keupayaan pengurusan kendiri dan berempati. Dua keupayaan ini membentuk kuasa interpersonal. Keupayaan interpersonal ini mengizinkan seseorang itu mencorak dan membentuk pertemuan yang berlaku menjadi sesuatu yang positif, memberi ilham kepada orang lain, menghasilkan perhubungan yang akrab, mempengaruhi orang lain dan membantu orang lain mendapatkan kebahagiaan atau ketenangan.

Dalam konteks kajian ini, teori ini menjelaskan dimensi-dimensi kecerdasan emosi yang sesuai diterapkan dalam kalangan guru-guru kaunseling. Kajian Boyatzis dan Burruss (1995) mengenai keberkesanan guru kaunseling, mendapati bahawa elemen-elemen kecerdasan emosi iaitu empati, ketulenan dan efikasi kendiri merupakan kompetensi yang perlu ada pada seseorang kaunselor yang efektif.

Boyatzis (2002) berpendapat untuk menjadi seorang kaunselor yang berkesan dan pembimbing eksekutif, seseorang itu perlu sensitif dengan perasaan diri sendiri dan juga orang lain. Kedua-dua kompetensi kecerdasan yang utama dan kritikal itu ialah kesedaran kendiri dan empati, yang menunjukkan bahawa kedua-dua kecerdasan ini adalah signifikan pada tahap kemahiran.

Dengan menguasai kompetensi kecerdasan emosi, kecekapan kemahiran dan perkembangan personal di kalangan guru-guru kaunseling akan meningkat secara langsung kerana kompetensi kecerdasan ini terbukti memudahkan pengurusan, meningkatkan kemahiran memimpin, menguruskan tekanan, meningkatkan kreativiti dan memudahkan komunikasi (Mohd. Azhar, 2008).

2.2.1.2 Model Kecerdasan Emosi Salovey Dan Mayer (1990)

Mayer dan Salovey pada tahun 1990 telah membawa dimensi baru dalam penilaian pendidikan dengan memperkenalkan istilah kecerdasan emosi (EQ) kepada dunia. Ini menyebabkan ramai pakar mengatakan kegiatan manusia tidak hanya bergantung kepada kecerdasan intelek (IQ) seseorang dan keputusan yang mereka buat dalam banyak perkara juga bergantung kepada EQ. Menurut Salovey, emosi diri sendiri dan orang lain, membezakan antara mereka serta menggunakan maklumat tersebut untuk memimpin tindakan dan pemikiran seseorang itu.

Konsep kecerdasan emosi yang pertama telah dicadangkan oleh Salovey dan Mayer pada tahun 1990. Dalam menjelaskan konsep kecerdasan emosi, Salovey telah mengkategorikannya kepada empat komponen utama.

Mengenal pasti emosi *(Identifying emotions)* merupakan kompenen pertama yang meliputi keupayaan untuk mengenal pasti dengan betul bagaimana perasaan seseorang. Kompenen kedua adalah menggunakan emosi *(Using emotions)* yang merupakan keupayaan mewujudkan emosi serta mengintegrasikan perasaan ke dalam bentuk pemikiran.

Memahami emosi *(Understanding emotions)* dinyatakan sebagai keupayaan seseorang untuk memahami punca-punca emosi manakala kompenan terakhir yang dicadangkan oleh Salovey adalah mengurus emosi *(Managing emotions)* yang dikaitkan dengan keupayaan seseorang untuk memikirkan strategi berkesan untuk menggunakan emosi bagi membantu mencapai matlamat daripada hanya digunakan oleh emosi.

2.2.1.3 Model Empat Cabang Kecerdasan Emosi

Seterusnya John D. Mayer dan Peter Salovey (1997) telah membangunkan model kecerdasan emosi yang lebih dikenali sebagai model Empat Cabang *(Four Branch Model).* Menurut model ini, kecerdasan emosi perlu melalui empat fasa proses emosi. Rajah 2.2 akan menjelaskan tentang pecahan Model Empat Cabang Kecerdasan Emosi ini.

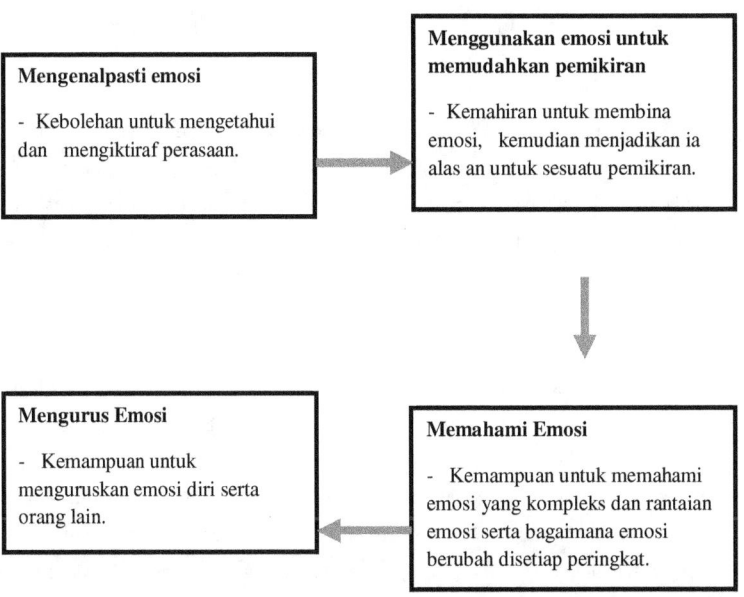

Rajah 2.2 : Model Empat Cabang Kecerdasan Emosi
(John, D.M. & Peter Salovey,1997)

Model yang dikenali sebagai Four Branch Model bagi kecerdasan emosi ini telah mencadangkan kapasiti untuk melihat dan memahami emosi akan mendefinisikan suatu kecerdasan emosi yang baru. Model ini telah membahagikan kecerdasan emosi kepada empat peringkat yang bermula dari peringkat melihat emosi dengan lebih tepat, menggunakan emosi bagi memudahkan proses berfikir, seterunya proses memahami makna emosi sehinggalah ke peringkat yang terakhir iaitu proses mengurus emosi.

Di dalam peringkat yang pertama di mana proses mengenalpasti emosi berlaku, seseorang individu itu akan mula memikirkan bentuk emosinya pada satu-satu masa. Ianya mungkin perasaan sedih, gembira atau takut akan sesuatu. Selain itu, di peringkat ini juga individu akan turut memikirkan sesuatu kemungkinan timbul dalam emosi orang lain. Selalunya peringkat ini berlaku apabila berlaku sesuatu perkara yang merangsang emosi untuk menanggapinya.

Dalam peringkat kedua pula, individu akan mula menggunakan emosi sebagai alasan ke atas pemikirannya tentang sesuatu. Seseorang individu itu akan mula memfokuskan pemikirannya tentang situasi dirinya dan kemudian mengaitkan kerelevan emosinya dengan situasi yang dialaminya. Individu akan cenderung menjadikan emosinya sebagai alasan tumpuannya terhadap sesuatu dalam sesuatu masa.

Dalam peringkat ketiga, seseorang itu akan memahami emosi dirinya. Individu ini akan mula memikirkan mengapa dirinya dan orang lain beremosi sedemikian. Di peringkat ini, tahap empati memainkan peranan penting. Seterusnya, dalam peringkat terakhir, kemampuan individu untuk mengurus emosi mereka mula dibentuk. Dalam peringkat ini, kemampuan pengawalan diri dan pengurusan diri adalah menjadi pertimbangan yang perlu diutamakan. Ianya penting bagi memastikan keputusan dan tindakan yang dibuat adalah bersesuaian dengan emosi serta logik untuk mendapatkan hasil.

2.2.1.4 Model Kecerdasan Emosi Berasaskan Prestasi (Goleman, 1999)

Seterusnya, model kecerdasan emosi berasaskan prestasi yang dipelopori oleh Goleman (1999). Model ini menggambarkan kecerdasan emosi melalui satu set kerangka yang menerangkan tentang kecerdasan emosi dan kesannya ke atas potensi individu untuk menguasai kemahiran-kemahiran kecerdasan emosi seperti pengawalan diri, pengurusan diri, kesedaran sosial serta keberkesanan hubungan interpersonal.

Ia juga meliputi implikasinya terhadap kejayaan dan pencapaian dalam kerjaya. Model ini adalah berasaskan kepada komponen kecerdasan emosi yang telah dibuktikan melalui ratusan kajian dalaman yang telah dijalankan oleh pengkaji ke atas pelbagai industri dan syarikat. Jadual 2.3 akan menunjukkan kerangka pecahan kecerdasan emosi dalam model ini.

	Kemampuan Diri Sendiri (Interpersonal)	Kemampuan Sosial (Intrapersonal)
PENGIKTIRAFAN	**Kesedaran Diri** • Kesedaran emosi diri • Ketepatan penilaian diri • Keyakinan diri	**Kesedaran Sosial** • Empati • Orientasi perkhidmatan • Kesedaran organisasi
PERATURAN	**Pengurusan Diri** • Kawalan diri • Kepercayaan • Ketelitian • Kebergantungan • Halatuju • Inisiatif	**Pengurusan Hubungan** • Membantu orang lain • Komunikasi • Pengurusan konflik • Kepimpinan • Pemangkin perubahan • Kerja berpasukan

Rajah 2.3 : Model Kecerdasan Emosi Berasaskan Prestasi (Goleman, 1999)

Model kecerdasan emosi berasaskan prestasi ini adalah pengubahsuaian yang dilakukan ke atas model asal yang dikemukakan pada tahun 1998. Pada asalnya model ini dipecahkan kepada lima domain kecerdasan emosi yang menggabungkan dua puluh lima komponen kecerdasan emosi.

Tiga dimensi kecerdasan emosi yang merangkumi kesedaran kendiri, peraturan diri dan motivasi kendiri, menghuraikan kemampuan diri sendiri termasuklah mengetahui dan mengurus emosi diri atau emosi perhubungan kendiri. Dua dimensi berikutnya di dalam model asal merujuk kepada dimensi empati dan kemahiran sosial atau emosi perhubungan dengan orang lain. Ianya menjelaskan tentang kemahiran dan kemampuan mengetahui dan mengurus emosi orang lain.

Model yang diubahsuai ini telah menjadikan dua puluh lima komponen kecerdasan emosi kepada hanya dua puluh komponen sahaja, seterusnya mengkategorikan lima dimensi kepada empat dimensi kecerdasan emosi iaitu kesedaran kendiri, pengurusan kendiri, kesedaran sosial dan pengurusan hubungan.

Bagi tujuan kajian ini, aspek kecerdasan emosi dikaji dalam lima kompetensi kecerdasan seperti yang dinyatakan oleh Goleman (1995) dalam Teori Kecerdasan Emosi yang dipeloporinya. Kesedaran kendiri ialah tentang apa yang dirasai, manakala pengawalan kendiri ialah keupayaan untuk menenangkan kesan yang menyakitkan, kemarahan dan mencegah emosi daripada mengikut kata hati. Motivasi kendiri adalah keupayaan untuk menggerak dan memandu arah diri bagi mencapai sesuatu matlamat. Empati pula meliputi keupayaan mengenal pasti perasaan orang lain, manakala kemahiran sosial memperlihatkan gambaran perhubungan yang lebih kompleks.

2.2.2 Model Kompetensi Kecekapan Kaunseling

Perkara (2) dalam kod etika kaunselor (Lembaga Kaunselor Malaysia, 1999) menyatakan bahawa semua kaunselor digalakkan untuk sentiasa berusaha menilai dan meningkatkan pengetahuan, kecekapan dan kemahiran dalam bidang kaunseling bagi memantapkan perkhidmatan yang diberikan.

Keperluan kepada peningkatan kecekapan kemahiran, latihan dan perkembangan personal amat penting untuk melahirkan seorang kaunselor yang cekap dan profesional. Kualiti kaunselor dapat dinilai dengan melihat hubungan dengan klien semasa dalam sesi kaunseling. Kaunselor yang efektif adalah kaunselor yang dapat membina hubungan yang selamat dan terapeutik, di mana klien berasa selamat untuk menceritakan segala masalah mereka. Situasi ini dipersetujui oleh semua pengamal praktikal dan teori mengenai perhubungan antara kaunselor dan klien. Seterusnya kaunselor yang berkualiti juga dapat dilihat dari sikap dan keyakinan yang tinggi untuk membantu klien. Sebuah komitmen hanya akan lahir dari rasa tanggungjawab dan sanggup mengambil risiko. Kaunselor mestilah menjadi dirinya yang sebenar dan tidak berpura-pura untuk bertindak hanya untuk kepentingan dan keselamatan diri sendiri.

Welfel E.R (2006) menekankan bahawa kaunseling adalah proses yang berlaku dengan menggariskan tiga aspek utama untuk menjadi seorang kaunselor yang cekap iaitu ilmu pengetahuan, sikap dan kemahiran. Menurut mereka antara ciri-ciri seorang kaunselor yang efektif dan cekap adalah berkemahiran dalam menyampaikan dan dapat menggalakkan orang lain berkomunikasi secara terbuka dan jujur, berkebolehan merangsang perasaan percaya dan yakin pada diri klien yang dibantu dan boleh berkomunikasi dengan rasa prihatin dan hormat pada klien yang ingin dibantu.

Menurut Welfel (2006) lagi, seseorang kaunselor harus sedar ada ketikanya kaunselor juga memerlukan seseorang sebagaimana orang lain memerlukannya, dapat menguruskan konflik jika ada berlaku antara dirinya dengan klien secara efektif, berkebolehan memahami tingkahlaku klien tanpa menunjukkan nilai *judgemental*. Kaunselor juga harus dapat mengenalpasti tingkahlaku *self defeating* dan membantu klien memperkembangkan tingkahlaku bercorak *self rewarding*. Disamping itu, kaunselor harus mempunyai kepakaran dalam sesuatu bidang tertentu yang bernilai di sisi klien, berkebolehan untuk memberi penyelesaian masalah secara sistematik dan mempunyai gaya pemikiran yang bersistem serta cekap dalam memahami sosial, budaya dan politik semasa.

Munro, Manthei dan Small (1983) dalam bukunya yang bertajuk *"Counseling A Skills Approach"*, menerangkan terdapat tiga bidang dalam kaunseling yang menjelaskan seorang kaunselor yang berkualiti iaitu kaunselor sebagai model, hubungan yang efektif dalam kaunseling dan keinginan yang tinggi untuk membantu. Kaunselor sebagai model adalah satu situasi yang amat penting dalam system pembelajaran. Tidak dapat dinafikan dalam proses kaunseling, klien akan meniru sebahagian dari tindakan kaunselor dan mengambil sebahagian dari kepercayaan dan sikap kaunselor masuk dalam diri klien. Tindakan ini adalah di luar kawalan kaunselor, tetapi kaunselor perlu sedar dan mengekalkan sikap yang baik untuk hubungan yang efektif dan sebagai pembantu untuk menyelesaikan masalah klien. Antara karakter sebagai penolong bantu yang perlu dikekalkan adalah sifat keterbukaan, sensitiviti dan mengambil berat.

2.2.2.1 Model Kecekapan Kemahiran Dan Perkembangan Personal Wilbur (1994)

Model utama kajian ini yang menggunakan pendekatan yang diperkenalkan oleh Wilbur (1994), menggariskan dua kategori perkembangan kecekapan yang perlu ada pada diri setiap kaunselor iaitu perkembangan personal dan perkembangan kecekapan kemahiran. Wilbur (1994) kemudiannya telah membahagikan perkembangan personal kepada dua kompetensi kemahiran seperti berikut :-

  i)   Sensitiviti Emosi
  ii) Kemahiran Silang Budaya.

Manakala kecekapan kemahiran juga dibahagikan kepada dua kompetensi kemahiran seperti berikut :-

  i)   Kemahiran Asas Mendengar
  ii) Kemahiran Mempengaruhi.

Sensitiviti emosi menurut Wilbur (1994), adalah merujuk kepada kepekaan kaunselor dalam memahami emosi, nilai kepercayaan dan cara hidup klien. Kompetensi sensitiviti emosi adalah merangkumi kemahiran-kemahiran termasuk kemahiran komunikasi, kesedaran kendiri, sensitiviti, empati, pendedahan kendiri, ketelusan dan keaslian yang ada dalam diri kaunselor yang berkesan. Oleh itu, dalam proses kaunseling, sensitiviti emosi perlu dikuasai sepenuhnya oleh guru kaunseling supaya sesi kaunseling dapat berjalan dengan berkesan.

Corey, Corey dan Callanan (1988) menjelaskan kepentingan perkembangan personal seseorang kaunselor dengan menyatakan bahawa nilai, kepercayaan, pengalaman hidup dan gaya hidup seseorang kaunselor secara langsung akan mempengaruhi kefungsiannya dan peranannya secara professional.

Kemahiran kaunseling silang budaya ditafsirkan menurut Wilbur (1994) sebagai kebolehan kaunselor untuk mengenal dan menangani isu-isu berkaitan dengan kepelbagaian (diversity), kebangsaan (racism) dan prejudis yang akan memberi kesan dalam perhubungan semasa sesi kaunseling dijalankan.

Namun demikian, Arrendondo et.al. (1996) menjelaskan kaunseling silang budaya dengan menyatakan bahawa kita semua adalah individu silang budaya dan setiap orang adalah manusia silang budaya. Oleh itu tidak timbul pengkhususan untuk istilah kaunseling silang budaya. Semua bentuk kaunseling adalah silang budaya kerana semua orang hidup dalam masyarakat silang budaya.

Kecekapan kemahiran kaunseling dari sudut budaya, dijelaskan oleh Sue (1997), yang membahagikan kemahiran silang budaya kepada tiga bahagian iaitu kesedaran (awareness), pengetahuan (knowledge), dan kemahiran (skills). Kesedaran (awareness) bermakna kaunselor faham dan menyedari bahawa kaunselor mempunyai kepercayaan dan altitude semulajadi yang lahir dari budaya kaunselor sendiri. Pengetahuan (knowledge) bermakna kefahaman kaunselor akan membezakan *world view* klien yang berlainan budaya manakala kemahiran pula membawa makna kaunselor aktif dalam mencari dan mempraktikkan pendekatan atau strategi yang sesuai bagi klien yang berlainan budaya.

Kemahiran mendengar adalah didefinisikan oleh Wilbur (1994), sebagai kebolehan untuk mendengar apa yang dinyatakan oleh klien. Ini didapati dari kemahiran asas komunikasi seperti kemahiran melayan, kesediaan memberi maklum balas, membuat parafrasa, kemahiran merumus dan mentafsir apa yang dinyatakan oleh klien. Wilbur (1994) mencadangkan kompetensi kemahiran mendengar dikategorikan dalam perkembangan kemahiran. Kemahiran mendengar adalah untuk melihat dan menunjukkan bagaimana kaunselor memahami *world view* klien (Torres–Rivera, Wilbur, Robert-Wilbur dan Phon, 1999).

Wilbur (1994) mentafsirkan kemahiran mempengaruhi sebagai kebolehan kaunselor mempengaruhi klien dalam memandu klien ke arah memahami diri, membina strategi dan melaksanakan pelan tindakan. Kemahiran konfrontasi, memfokus dan refleksi makna adalah merupakan antara sebahagian dari kemahiran mempengaruhi pada peringkat awal kaunseling.

Kemahiran mempengaruhi menurut Ivey (2003), dalam bidang penafsiran bermaksud menyediakan klien alternatif dan rujukan untuk melihat situasi kehidupan dan menjana hidup baru. Kemahiran mempengaruhi dalam bidang akibat dan logik bermaksud membolehkan klien untuk melihat akibat dari alternatif yang dipilih. Seterusnya kemahiran mempengaruhi dari aspek pendedahan kendiri bermaksud kaunselor mendedahkan sedikit pengalaman dan pemikiran diri untuk menggalakkan keterbukaan dan kepercayaan dalam penerokaan kendiri klien. Ivey (2003) menggariskan enam bidang kemahiran dan strategi mempengaruhi iaitu pentafsiran, akibat, logik, pendedahan kendiri, maklumbalas, maklumat, nasihat dan arahan.

Dari aspek maklumbalas, kemahiran mempengaruhi bermaksud kaunselor memberikan fakta sebenar bagaimana klien di mata orang lain. Kemahiran ini merangkumi bidang maklumat, nasihat dan cadangan iaitu memberi informasi ide, maklumat kerjaya dan lain-lain maklumat. Selain dari itu, kemahiran mempengaruhi juga melibatkan arahan iaitu memandu klien untuk mengikuti strategi dan cadangan yang diberikan oleh kaunselor yang mungkin membantu untuk menyelesaikan masalah klien. Segala bentuk kecekapan dan kemahiran di atas amat berkait rapat dengan proses yang berlaku dalam sesi kaunseling.

Dalam konteks kajian ini, model kecekapan kemahiran dan perkembangan personal (Wilbur, 1994), menjelaskan dimensi-dimensi kecekapan kemahiran dan perkembangan personal yang boleh mempengaruhi tahap ilmu dan kemahiran kaunseling. Kedua-dua komponen kecekapan kemahiran dan perkembangan personal terbukti memberi impak yang tinggi terhadap konsep kendiri dan kemahiran kaunseling (Boyatzis, 1982).

Oleh yang demikian, penyelidik melihat teori ini sesuai untuk diaplikasikan dalam kajian ini memandangkan kajian-kajian yang lepas seperti yang telah dijalankan oleh Nor'Azian Rohani (2009) juga menggunakan model ini dalam kajian yang berkaitan dengan kecekapan kemahiran dan perkembangan personal di kalangan guru-guru kaunseling.

2.2.2.2 Pendekatan Diskriminasi Bernard (1979)

Pendekatan Diskriminasi Bernard (1979) menggariskan empat persepsi yang perlu dilihat untuk melahirkan kaunselor yang cekap. Empat persepsi tersebut adalah proses kaunseling, konsepsual kaunselor, perkembangan personal kaunselor dan tingkahlaku professional kaunselor.

Menurut Bernard (1979), proses kaunseling *(counseling process)* adalah adalah merujuk kepada tingkahlaku yang berlaku dalam proses kaunseling yang membezakan sesi kaunseling dengan perbualan sosial. Komponen-komponen kemahiran yang perlu diberi perhatian semasa menjalankan sesi kaunseling antaranya adalah pembukaan sesi, refleksi, konfrontasi, interpretasi, komunikasi tanpa lisan dan sebagainya.

Konsepsualisasi *(conceptualization)* menurut Bernard (1979), adalah merujuk kepada tingkahlaku kaunselor yang tersembunyi yang berkaitan dengan diri kaunselor. Sebagai contoh, kemampuan untuk memahami apa yang diperkatakan oleh klien, kemampuan untuk memahami mesej, strategi teori dan perubahan yang ingin dicapai oleh klien.

Bernard (1979), menjelaskan perkembangan personal *(personalization)* kaunselor sebagai peranan dan tanggungjawab kaunselor ke atas kemahiran dan pengetahuan yang spesifik, kebolehan kaunselor untuk menerima maklum balas tanpa helah bela diri, selesa dengan sikap, nilai, menghormati klien dan sebagainya dalam hubungan kaunseling.

Perkembangan Tingkahlaku Profesionalisme menurut Bernard (1979), adalah melibatkan tingkahlaku perkembangan profesionalisme kaunselor seperti cara berpakaian, perlakuan bersama klien, hubungan dengan klien, persekitaran kerja, persediaan melakukan sesi, keinginan untuk menambahkan ilmu, kualiti kerja, ketepatan masa, kemahiran dan kepantasan bertindak, cara perundangan dan sebagainya.

2.2.2.3 Model Kecekapan Kaunselor Lauver Dan Harvey (1997)

Model kecekapan kaunselor oleh Lauver dan Harvey (1997) menggariskan tiga faktor penting untuk menjadi seorang kaunselor. Seseorang kaunselor perlu dilihat dalam tiga aspek utama iaitu ilmu pengetahuan, kemahiran dan kesedaran terhadap kualiti-kualiti personal kaunselor. Beliau menggabungkan ketiga-tiga elemen iaitu individu (person). Pengetahuan kaunseling (knowledge) dan kemahiran kaunseling (skills) membentuk satu kecekapan kaunseling seperti yang ditunjukkan di bawah.

Gabungan elemen individu, pengetahuan dan kemahiran kaunseling membentuk kecekapan kaunseling Lauver dan Harvey (1997) seperti dalam rajah berikut.

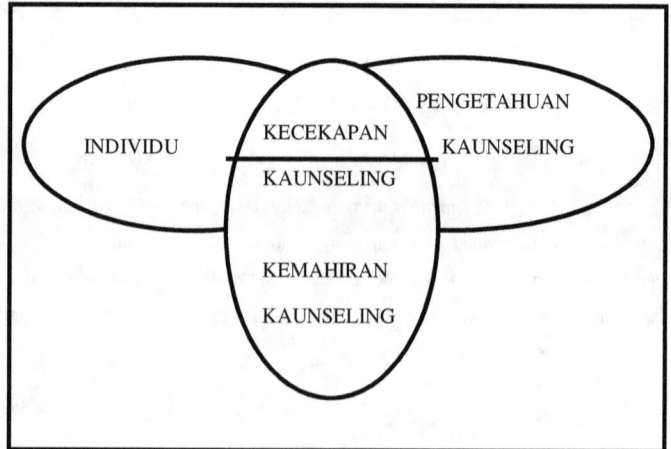

Berdasarkan Rajah 2.4 di atas menunjukkan tiga elemen bergabung untuk membentuk kecekapan kaunseling iaitu individu, pengetahuan kaunseling dan kemahiran kaunseling. Individu yang dimaksudkan merangkumi sikap, nilai, kepercayaan, keperluan, kebolehan dan pengharapan yang dibuna oleh seseorang itu untuk menjadi kaunselor. Elemen kedua yang membentuk kecekapan kaunseling adalah merujuk kepada ilmu-ilmu yang berkaitan dengan perkembangan kaunseling yang perlu ada pada seseorang kaunselor yang mahir dan cekap. Ianya berkaitan dengan etika, penyelidikan, pandangan atau pendapat yang diiktiraf, model-model teori kaunseling, intervensi kaunselor, strategi-strategi, teknik-teknik dan segala ilmu yang berkaitan dengan kaunseling.

Elemen yang ketiga adalah berkaitan dengan kemahiran kaunseling itu sendiri di mana ianya merujuk kepada perkhidmatan yang diberikan kepada klien dan mempunyai unsur-unsur sensitiviti dan kreativiti dalam peranan yang dimainkan oleh kaunselor. Elemen ini merangkumi aspek bagaimana seseorang kaunselor itu berfikir, bertindak, dan menyatakan sesuatu. Aspek ini menuntut kaunselor untuk mengguasai kemahiran untuk menarik dan memahami klien seterusnya membantu klien memahami diri dan masalahnya.

Kemahiran kaunseling menurut Lauver dan Harvey menekankan kepada tujuk aspek penting iaitu mendengar dengan aktif, memahami tahap 'distress', jelas dalam membuat pernyataan, berkhidmat tanpa sekatan, tingkahlaku klien dilihat sebagai hipotesis, tumpuan kepada klien dan mendengar dengan empati.

Menurut Lauver dan Harvey (1997), kecekapan kaunseling akan lebih mantap melalui pengalaman dan pengetahuan yang diperolehi dari masa ke semasa sehinggakan kaunselor itu dapat berfungsi sepenuhnya. Kaunselor yang dianggap baik adalah kaunselor yang disenangi, boleh dipercayai dan kaunselor yang dihormati oleh klien. Selain dari kemahiran di atas, kemahiran-kemahiran lain yang perlu ada untuk menjadi seorang kaunselor yang cekap adalah kemahiran mendengar dengan teliti dan berkomunikasi secara efektif.

2.3   Tahap Kecerdasan Emosi

Kajian-kajian berkaitan tahap kecerdasan emosi guru-guru kaunseling masih kurang dijalankan, maka dalam sorotan kajian ini, perbandingan tahap kecerdasan emosi turut dilakukan pada profesion-profesion lain.   Kajian-kajian lepas berkaitan dengan kecerdasan emosi yang dijalankan oleh pengkaji dari barat, menunjukkan penguasaan tahap kecerdasan emosi yang tinggi adalah penting dalam meningkatkan prestasi kerja dan komitmen pekerjaan sama ada individu mahupun kumpulan. Kompetensi kecerdasan emosi boleh dianggap sebagai teras dalam membina prestasi kerja yang berkualiti secara individu mahupun berkumpulan (Goleman 1995,1999; Mayer, Salovey, & Caruso 2000).

Kajian yang dijalankan oleh Cooper dan Sawaf (1997), mendapati individu yang mempunyai tahap ketahanan emosi yang tinggi membolehkannya berupaya menguruskan emosi diri dan orang lain.   Dengan ini, mereka dapat memahami sebab wujudnya tekanan dan mampu mengurus tekanan yang dihadapi.   Individu yang mempunyai tahap ketahanan emosi yang baik di tempat kerja membolehkannya mencapai prestasi kerja yang lebih baik berbanding individu yang mempunyai tahap ketahanan emosi yang rendah.

Faktor   kecerdasan   emosi   seseorang   didapati   boleh   menentukan keberkesanan komitmen pekerjaan (Cherniss, 2000; Cherniss & Goleman, 2001). Dapatan kajian ini menunjukkan bahawa individu yang komited dengan pekerjaannya adalah terdiri daripada individu-individu yang mempunyai tahap kecerdasan emosi yang tinggi. Kajian ini mendapati kakitangan yang memiliki tahap kecerdasan emosi yang tinggi akan terus komited bekerja sama ada suasana dalam organisasi itu memberangsang ataupun sebaliknya. Ini adalah kerana mereka yang cerdas emosinya akan dapat memotivasikan dan mengendalikan emosi diri sendiri, berwawasan apabila membuat suatu keputusan, memahami dan empati dengan keperluan psikologi orang lain serta menjalinkan hubungan sosial yang baik.

Dapatan kajian di atas adalah releven dengan kajian yang dijalankan oleh (Vinai & Satita, 2001; Dulewicz & Higgs, 2000), yang menekankan pada aspek tahap kecerdasan emosi yang tinggi merupakan faktor utama menentukan samada seseorang itu berjaya atau kurang berjaya dalam kerjayanya dan akhirnya akan meningkatkan kualiti perkhidmatan yang diberikan dan menjadi kejayaan organisasi.

Kajian-kajian tentang kecerdasan emosi banyak dijalankan di Barat tetapi masih kurang dijalankan di Malaysia. Tinjauan literatur yang dibuat menunjukkan bahawa kajian berhubung dengan kecerdasan emosi tertumpu kepada kecerdasan emosi pelajar-pelajar dan pemimpin-pemimpin (Zainuddin, 2000; Noriah et al., 2002). Hanya beberapa kajian, contohnya, Mohd Najib Ghaffar (2000, 2002) dan Asliza Awang Kechil (2004) yang memberi tumpuan terhadap kecerdasan emosi guru dan guru kaunseling.

Kajian yang dijalankan oleh Asliza Awang Kechil (2004) ke atas 81 orang guru kaunseling di sekolah-sekolah menengah daerah Johor Bahru, menunjukkan bahawa tahap kecerdasan emosi adalah pada tahap yang tinggi. Hasil kajian juga mendapati wujudnya hubungan yang signifikan antara tahap kecerdasan emosi guru-guru kaunseling dengan komitmen terhadap kerjaya.

Seterusnya kajian yang dijalankan oleh Mohd. Najib (2000) mengenai kecerdasan emosi guru di kalangan guru-guru pelatih maktab perguruan yang telah dibentangkan dalam Seminar Kebangsaan Jawatankuasa Penyelaras Pendidikan Guru 2000 pada 4 Mei 2000 di Kota Kinabalu, Sabah mendapati bahawa terdapat ketidakseimbangan dalam kategori kecerdasan emosi. Dapatan kajian menunjukkan tahap keupayaan motivasi kendiri dan mengenal emosi kendiri berada pada tahap yang lebih tinggi berbanding keupayaan mengendalikan perhubungan. Kajian terhadap peranan kecerdasan emosi guru-guru membuktikan bahawa kecerdasan emosi sangat penting kepada guru-guru dan juga guru-guru pelatih di maktab perguruan dalam menggerakkan proses pendidikan, khususnya dalam pengajaran dan pembelajaran di bilik darjah. Kajian ini juga membuktikan kepentingan tahap kecerdasan emosi yang tinggi di kalangan guru-guru dalam melaksanakan proses perundingan dengan pelajar supaya pendidikan menjadi lebih berkesan.

Melalui hasil kajian ini, beliau menyarankan agar program pendidikan perguruan mengambilkira semua aspek penting untuk melatih bakal guru yang berdedikasi termasuklah aspek berkaitan pengguasaan kecerdasan emosi bagi menghadapi cabaran kerjaya dalam alam pendidikan nanti. Justeru itu sebagaimana guru biasa, guru kaunseling juga sewajarnya memiliki kecerdasan emosi yang tinggi bagi menghadapi cabaran kerjaya yang tidak kurang hebatnya dalam dunia pendidikan nanti.

Manakala kajian yang telah dijalankan oleh Mohd. Najib, Azizi dan Yusof (2002) untuk melihat perbandingan kecerdasan emosi di antara pelatih perguruan di peringkat ijazah pertama dengan ijazah lanjutan. Kajian ini melibatkan seramai 615 orang pelatih perguruan dari tujuh buah Institusi Pengajian Tinggi Awam (IPTA) iaitu UTM, UKM, UM, UPM, UIA, UPSI dan USM. Dapatan kajian menunjukkan kestabilan emosi berdasarkan tanggapan pelajar terhadap diri mereka menunjukkan tahap yang baik. Walaubagaimanapun masih terdapat segelintir pelajar yang menyatakan mereka kekurangan dari aspek mengenal emosi kendiri, memotivasikan diri sendiri, mengenal emosi orang lain, menguruskan emosi orang lain terutama dari segi mengurus emosi kendiri. Keputusan menunjukkan para pelajar harus meningkatkan lagi keupayaan mengurus emosi kendiri. Perbandingan antara IPT mendapati pelatih perguruan dari UM, UIA dan UPM mempunyai tahap kestabilan emosi yang lebih tinggi.

Seterusnya kajian yang dijalankan oleh Noriah, Ramlee, Zuria, Siti Rahayah (2003) pula mendapati bahawa tahap kecerdasan emosi guru-guru di Malaysia mempunyai skor tertinggi kecerdasan emosi bagi domain-domain spiritual, regulasi kendiri, dll, tetapi paling rendah dalam domain kemahiran sosial. Dapatan kajian ini sangat menarik kerana sebagai guru, kemahiran sosial amatlah penting dan merupakan kemahiran yang paling asas. Jika pendidik tidak mempunyai kemahiran sosial seperti bertanya khabar, membimbing, memahami, memaafkan, tentulah proses pengajaran dan pembelajaran akan terjejas.

Kajian kecerdasan emosi ke atas pensyarah di Malaysia yang dijalankan oleh Mohd. Najib (2000) menunjukkan kecerdasan emosi pensyarah-pensyarah di salah sebuah fakulti pendidikan adalah di tahap sederhana dan tidak menonjol. Menurut beliau, pensyarah perlu mempunyai kesedaran emosi yang tinggi memandangkan mereka merupakan pendidik kepada bakal-bakal guru. Kestabilan emosi pensyarah akan memberikan kesan terhadap keberkesanan latihan yang mereka berikan kepada bakal-bakal guru tersebut.

Manakala Sharifah Hanizah *et. al.* (2008) membuat kajian untuk mengenalpasti tahap kebimbangan pensyarah Institut Pendidikan Guru (IPG) serta hubungannya dengan kecerdasan emosi. Seramai 630 orang responden telah dipilih daripada 22 buah IPG. Dapatan kajian menunjukkan terdapat hubungan yang signifikan pada tahap rendah antara tahap kebimbangan dengan EQ-kesedaran kendiri, EQ-empati, EQ-interpersonal dan EQ-kemahiran sosial.

Sebagai rumusan, berdasarkan dapatan kajian-kajian lepas, dapatlah dijelaskan bahawa kecerdasan emosi merupakan pembolehubah yang banyak diberi tumpuan dan dikaitkan dengan prestasi dan keberkesanan perkhidmatan seseorang. Kajian ini telah mengenalpasti lima domain utama kecerdasan emosi iaitu kesedaran kendiri, pengawalan kendiri, motivasi kendiri, empati dan kemahiran sosial yang mempengaruhi kecekapan kepimpinan kaunseling, serta merupakan antara faktor peramal penting dalam kecemerlangan kerjaya.

2.4   Perbezaan Tahap Kecerdasan Emosi Mengikut Demografi

Pengguasaan tahap kecerdasan emosi adalah berbeza-beza berdasarkan faktor latar belakang seseorang. Dapatan kajian-kajian lepas berkaitan dengan perbezaan tahap pengguasaan kecerdasan emosi berdasarkan faktor jantina mendapati terdapat perbezaan tahap kecerdasan emosi antara lelaki dan perempuan.

Dalam kajian oleh Grossman dan Wood (1993) berkaitan dengan pengalaman emosi, menunjukkan bahawa perempuan mengalami emosi peribadi yang lebih mendalam jika dibandingkan dengan lelaki. Bagaimanapun, bagi komponen emosi kendiri menunjukkan tiada perbezaan didapati antara lelaki dan perempuan. Dapatan ini menjelaskan bahawa emosi memainkan peranan penting dalam sistem sokongan dan didapati perempuan adalah lebih bersifat menyokong dari lelaki.

Kajian yang dijalankan oleh Davis (1995), berkaitan dengan perbezaan jantina dalam mengenalpasti tahap kawalan emosi, menunjukkan bahawa pelajar lelaki mempunyai kesan negatif yang lebih jika dibandingkan dengan pelajar perempuan ketika mereka berhadapan dengan situasi-situasi yang mengecewakan. Apabila mereka diberi motivasi untuk berhadapan dengan kekecewaan, didapati pelajar lelaki masih menunjukkan tahap emosi negatif yang lebih tinggi berbanding pelajar perempuan. Dapatan kajian ini menjelaskan bahawa pelajar perempuan menunjukkan kadar kawalan sosial yang lebih baik berbanding dengan pelajar lelaki.

James Poon (2002), dalam kajiannya untuk melihat perbezaan tahap kecerdasan emosi berdasarkan lokasi pendidikan samada pendidikan luar negara atau pendidikan dalam negara. Kajian ini telah dijalankan ke atas 101orang Pegawai Sumber Manusia yang berkhidmat di Singapura. Ujian ditadbir menggunakan soal selidik *The Emotional IQ Test* yang dibina oleh John Mayer, Peter Salovey dan David Caruso. Tujuan kajian adalah untuk melihat sama ada wujud perbezaan yang signifikan di antara tahap kecerdasan emosi pegawai-pegawai yang berkelulusan dari universiti tempatan dengan universiti luar negara, serta melihat sama ada wujud perbezaan tahap kecerdasan emosi antara pegawai lelaki dan perempuan.

Hasil kajian menunjukkan wujud hubungan yang signifikan di antara latar belakang pendidikan dengan tahap kecerdasan emosi pegawai-pegawai. Tahap kecerdasan emosi individu yang berkelulusan luar negara didapati lebih tinggi berbanding dengan individu yang berkelulusan tempatan. Selain itu, hasil kajian ini juga mendapati tahap kecerdasan pegawai lelaki lebih tinggi daripada pegawai wanita terutama dalam keupayaan mengenal emosi dan keupayaan mengurus emosi. Sementara pegawai yang berkelulusan luar negara menunjukkan skor yang tinggi dalam keupayaan mengenal emosi dan memahami emosi mereka. Menurut pengkaji, sesetengah majikan memberikan peluang yang lebih baik kepada individu yang berkelulusan dari universiti luar negara dalam permohonan sesuatu jawatan serta mereka ini dikatakan mempunyai peluang yang lebih baik untuk mencapai kejayaan di masa hadapan.

Manakala hasil kajian yang dijalankan oleh Skovholt dan D'Rozario (2000) berhubung dengan guru cemerlang dan guru lemah mendapati guru cemerlang mempunyai atribusi atau domain kecerdasan emosi seperti empati dan kemahiran sosial. Kajian ini juga menunjukkan bahawa guru-guru cemerlang mempunyai tahap kepintaran interpersonal dan intrapersonal yang tinggi. Kedua-dua faktor ini merupakan domain personal dalam teori "kecerdasan pelbagai" (*multiple intelligence*) yang dicadangkan oleh Gardner and Stough (2001). Dalam kajian ini beliau menegaskan bahawa bagi profesion akademia, kecerdasan emosi merupakan tret personaliti yang perlu dimiliki oleh setiap guru untuk berjaya dalam kerjayanya.

Kajian-kajian dalam negara juga telah dijalankan untuk mengkaji perbezaan tahap kecerdasan emosi berdasarkan faktor latar belakang responden. Contohnya. kajian yang dijalankan oleh Noriah Mohd Ishak et.al (2008), mengenai profil kecerdasan emosi mengikut faktor jantina dan umur. Kajian ini mendapati bahawa tidak terdapat perbezaan kecerdasan emosi yang signifikan berdasarkan faktor demografi tetapi data deskriptif menunjukkan bahawa kecerdasan emosi pelajar yang lebih matang adalah lebih tinggi berbanding pelajar muda yang menunjukkan kadar perkembangan kecerdasan emosi berkembang mengikut umur. Dari segi perbezaan mengikut gender pula, dapatan kajian mendapati secara umumnya, kecerdasan emosi pelajar perempuan adalah lebih baik sedikit berbanding pelajar lelaki.

Terdahulu kajian oleh Noriah, Siti Rahayah, Syed Najmuddin (2003) mendapati bahawa umur dan pengalaman memainkan peranan penting dalam mempengaruhi tahap kecerdasan emosi dalam kalangan guru. Terdapat sebilangan guru yang menyatakan bahawa semasa muda mereka bersifat "garang" apabila mengajar dan selalu menghukum pelajar yang bermasalah kerana tidak sabar. Bagaimanapun, apabila usia mereka meningkat, mereka menjadi lebih matang dan sabar dalam mengendalikan pelajar-pelajar khususnya yang bermasalah.

Ch'ng Ee Thiam (2006), dalam kajiannya yang menilai perbezaan tahap kecerdasan emosi berdasarkan faktor jantina, status perkahwinan, tempoh perkhidmatan dan kelayakan pendidikan di kalangan guru-guru kaunseling daerah Johor Bahru. Hasil analisis yang dijalankan menunjukkan terdapat perbezaan kecerdasan emosi yang signifikan antara guru yang berlainan jantina dan tempoh perkhidmatan. Namun, tiada perbezaan signifikan didapati antara kecerdasan emosi guru kaunseling yang berbeza status perkahwinan dan kelayakan pendidikan.

Dapatan kajian ini menunjukkan keselarasan dengan kajian yang dijalankan oleh Florence Fletcher (2007) untuk mengkaji perbezaan tahap kecerdasan emosi berdasarkan faktor demografi di kalangan guru-guru kaunseling di Bandar Kuching, Sarawak. Hasil kajian menunjukkan terdapat perbezaan yang signifikan dari segi tahap kecerdasan emosi berdasarkan faktor perbezaan jantina dan taraf perkahwinan. Manakala dapatan seterusnya pula menunjukkan tidak terdapat perbezaan yang signifikan dari segi tahap kecerdasan emosi mengikut bangsa, umur dan tahap pendidikan.

Kajian yang dijalankan oleh Annie Suziana (2008), untuk mengkaji perbezaan tahap kecerdasan emosi berdasarkan faktor di kalangan pensyarah ADTEC, Johor. Dapatan kajian menunjukkan terdapat perbezaan yang signifikan tahap kecerdasan emosi bagi responden bujang dan responden yang telah berkahwin. Namun tahap emosi tidak menunjukkan perbezaan yang signifikan berdasarkan faktor umur, jantina, bangsa dan tahap pendidikan.

Mohd. Najib, Azizi dan Yusof (2002) juga telah menjalankan kajian perbandingan kecerdasan emosi di antara pelatih perguruan di peringkat ijazah pertama dengan ijazah lanjutan dari tujuh buah Institusi Pengajian Tinggi Awam (IPTA) iaitu UTM, UKM, UM, UPM, UIA, UPSI dan USM. Dapatan kajian menunjukkan kestabilan emosi berdasarkan tanggapan pelajar terhadap diri mereka menunjukkan tahap baik. Manakala, dari segi perbandingan antara institusi pengajian IPTA pula, mendapati pelatih perguruan dari UM, UIA dan UPM mempunyai tahap kestabilan emosi yang lebih tinggi berbanding pelatih perguruan dari USM, UPSI, UTM dan UKM . Ini menunjukkan terdapat perbezaan tahap kecerdasan emosi berdasarkan lokasi pengajian pelatih-pelatih perguruan.

Rumusan daripada sorotan kajian ini menunjukkan bahawa faktor demografi merupakan pembolehubah yang banyak diberi tumpuan oleh pengkaji-pengkaji dalam penyelidikan kecerdasan emosi. Faktor demografi yang pelbagai memberikan pengaruh dan kesan yang berbeza ke atas tahap pengguasaan kecerdasan emosi.

2.5   **Tahap Kecekapan Kemahiran Dan Perkembangan Personal**

Kajian-kajian lepas berkaitan dengan kecekapan kaunseling banyak memberi tumpuan kepada komponen-komponen kecekapan kemahiran dan perkembangan personal kaunselor. Kedua-dua komponen tersebut merupakan pembolehubah-pembolehubah yang dapat mempengaruhi keberkesanan seseorang kaunselor (Welfel, 2006). Kecekapan kemahiran dan perkembangan personal merupakan antara komponen-komponen utama dalam menilai kompetensi kecekapan seseorang kaunselor.

Pada hakikatnya, kajian kecekapan kemahiran dan perkembangan personal telah lama dijalankan (Worthington, Soth-Mcnett, Angela & Mareno, 2007). Berdasarkan sorotan penulisan, banyak tumpuan diberikan kepada huraian ciri-ciri kaunselor yang efektif iaitu mereka yang memiliki kecekapan kaunseling dari aspek sikap, kepercayaan, pengetahuan dan kemahiran (Corey, 2001; Sodowsky, 1994; Atkinson & Lowe, 1995; Mendoza, Ridley, Kanitz, Angermeier & Zenk, 1994).

Berkaitan dengan kajian aspek kompetensi kecekapan kaunselor, satu kajian telah dijalankan oleh Bahrick, Russel dan Salmi (1991) bertujuan untuk melihat kesan rol induksi yang berasaskan Model Diskriminasi Bernard (1979). Model ini menerangkan tentang peranan dan matlamat penyelesaian yang dilihat dari segi membaiki proses, konsepsualisasi dan matlamat personalisasi. Instrumen yang digunakan adalah *"Supervisor Emphasis Rating Form – Revised"* (SERF-R). Kaedah penyelidikan yang digunakan adalah ujian pra dan ujian pos, manakala *ujian- t* digunakan untuk menganalisis data yang diperolehi. Hasil kajian menunjukkan terdapat perbezaan yang signifikan antara ujian pra dan ujian pos bagi kemahiran konseptual, manakala subkelas yang lain iaitu tingkahlaku profesional, kemahiran proses dan kemahiran personal menunjukkan tidak terdapat perbezaan yang signifikan.

Mc Carthy dan Frieze (1999) pula telah menjalankan kajian untuk mengkaji hubungan antara persepsi klien terhadap terapis yang menggunakan strategi pengaruh sosial *(social influences strategies)* dengan persepsi klien terhadap kualiti terapi. Responden kajian adalah terdiri dari pelajar sarjana muda yang membuat laporan tentang pengalaman sebagai klien dalam terapi. Dapatan kajian secara keseluruhannya menunjukkan bahawa kejayaan kaunseling bergantung kepada penggunaan strategi pengaruh sosial iaitu klien akan berasa gembira dengan pengalaman kaunseling akan menghargai dan mengganggap kaunselor sebagai mahir dan pakar.

Seterusnya Ritter et.al (2002) telah menjalankan kajian untuk menguji persepsi klien terhadap kaunselor dengan keadaan klien selepas tiga bulan menjalani rawatan untuk ketagihan alkohol. Responden melengkapkan soal selidik untuk menilai persepsi terhadap empati terapis menggunakan *"Relationship Inventory'* (RI) manakala *"Counselor Rating Form"* (CRF) untuk mengukur kepakaran, *attractive*, dan boleh dipercayai. Dapatan kajian berhubung dengan kejayaan klien dalam rawatan ketagihan alkohol seperti yang diukur dari pengukuran keadaan *"outcome"* klien menunjukkan faktor yang paling signifikan adalah faktor kecekapan terapis dan kemahiran empati terapis.

Seibert (2004) telah membuat kajian untuk mengenalpasti item-item yang tepat untuk mengukur kompetensi kecekapan; kemahiran, sikap dan pengetahuan. Responden kajian terdiri daripada 17 orang kaunselor pakar yang berpengalaman dalam kaunseling pengurusan. Kajian telah menggunakan skala Likert 5 mata untuk mengukur item-item kompetensi kecekapan mengikut pangkatan keutamaan. Sebanyak 34 item telah dikenal pasti; 16 item kemahiran, 9 item pengetahuan dan 9 item sikap. Hasil kajian telah dapat mengenal pasti kesepaduan antara kategori sikap dengan kedua-dua kategori tersebut. Di samping itu, 3 daripada item yang mendapat pangkatan teratas ialah pengetahuan, kemahiran komunikasi yang merangkumi kemahiran mendengar, menyoal dan menemuduga serta kesepaduan sikap terhadap kepercayaan dan kredibiliti.

Kajian-kajian dalam negara juga telah dijalankan untuk melihat tahap kecekapan kemahiran dan perkembangan personal guru-guru kaunseling.

Contohnya, kajian yang dijalankan oleh Shamsuri Omar (1996), berkaitan dengan faktor-faktor kompetensi kemahiran kaunseling yang menyumbang kepada kejayaan atau kegagalan kaunselor dalam menjalankan sesi kaunseling. Kajian ini dijalankan ke atas pelajar-pelajar sekolah agama di negeri Perak untuk mendapatkan maklumabalas dan persepsi pelajar-pelajar terhadap Guru Bimbingan Dan Kaunseling. Dapatan kajian menunjukkan bahawa kemahiran dan kecekapan kaunselor adalah merupakan faktor yang penting dan paling menyumbang dalam menentukan kejayaan sesi kaunseling yang dijalankan oleh guru kaunseling sekolah.

Seterusnya kajian oleh Hassan Kudus (1994) yang mengkaji aspek kemahiran dan kualiti peribadi Guru Bimbingan dan Kaunseling. Dapatan kajian menunjukkan bahawa ciri-ciri kualiti peribadi dan kelayakan perlu diberi penekanan penting kerana ia merupakan faktor yang menyumbang kepada kecekapan Guru Bimbingan dan Kaunseling.

Kajian yang dijalankan oleh Rohana Isa (2005) untuk mengkaji tentang kecekapan kemahiran kaunselor yang merangkumi enam langkah kemahiran dalam proses menjalankan sesi kaunseling iaitu memahami world view klien secara empati, mencari punca permasalahan klien, mengenalpasti pelan dan tindakan yang diharapkan oleh klien, memberi sokongan terhadap tindakan yang diambil dan menilai hasil sesi kaunseling. Secara keseluruhannya didapati faktor demografi tidak mempengaruhi keberkesanan dan tahap kecekapan guru kaunseling dalam memberikan perkhidmatannya.

Kesimpulan daripada sorotan kajian ini, ialah kebanyakan dapatan kajian menerangkan keberkesanan kaunseling telah menonjolkan ciri-ciri kaunselor yang menguasai kecekapan kemahiran kaunseling dan personal kaunselor. Kedua-dua komponen kecekapan kaunseling itu merupakan pembolehubah utama dalam kajian ini berkaitan dengan kecekapan kepimpinan kaunseling.

2.6   Hubungan Kecerdasan Emosi Dengan Kecekapan Kemahiran Dan Perkembangan Personal

Dari tinjauan sorotan kajian-kajian lepas, didapati pengkaji-pengkaji luar negara telah menjalankan kajian untuk melihat hubungan kecerdasan emosi dengan kecekapan kemahiran dan perkembangan personal kaunselor. Contohnya kajian yang dijalankan oleh Constantine et. al. (2001) untuk melihat hubungan antara kecerdasan emosi dan empati terhadap kesedaran dan pengetahuan pelbagai budaya. Seramai 108 orang kaunselor terlibat dengan kajian ini. Responden dipilih secara rawak berdasarkan senarai nama dari *American School Counselor Association*. Data diperolehi melalui tiga set soal selidik iaitu *Emotional Intelligence Scale* (EIS), *Interpersonal Reactivity Index* (IRI) dan *Multicultural Counseling Knowledge and Awareness Scale* (MCKAS). Hasil kajian mendapati kaunselor yang mempunyai tahap kecerdasan emosi yang tinggi juga akan menunjukkan tahap pengetahuan kaunseling pelbagai budaya yang tinggi. Dapatan kajian ini menunjukkan terdapat hubungan yang signifikan antara tahap kecerdasan emosi dengan tahap pengetahuan kaunseling silang budaya. Dapatan juga menunjukkan pengetahuan kaunselor terhadap kaunseling pelbagai budaya adalah signifikan dengan tahap empati kaunselor.

Dalam konteks perkhidmatan bimbingan dan kaunseling, kecerdasan emosi didapati berperanan dalam menangani berbagai isu klien termasuk isu silang budaya (Constaintaine et. al., 2001; Easton 2004 & William 2001). Kejayaan dalam kaunseling pelbagai budaya memerlukan sensitiviti yang tinggi khasnya dalam memahami pengertian mesej verbal dan non verbal, nilai serta keperluan pelajar berlainan budaya (Hill 2002; Cormeir & Cormier 1998: Sue 1981). Sehubungan dengan itu, Goleman (1998) menegaskan kecerdasan emosi yang tinggi boleh menjadi sangat penting dalam membantu kaunselor untuk berempati dan memahami masalah pelajar daripada berbagai latar belakang budaya. Justeru itu, usaha menangani isu-isu pelajar pelbagai kaum dalam konteks tempatan memerlukan guru kaunseling berusaha mempertingkatkan kualiti kecerdasan emosi khasnya kecekapan regulasi kendiri yang melibatkan kebolehan mengawal emosi diri, kepercayaan

kendiri, kebertanggungjawaban, penyesuaian dan inovatif bagi mengelakkan
berlakunya *bias* budaya.

Dapatan kajian-kajian lepas telah membuktikan bahawa kualiti peribadi
dan kecerdasan emosi kaunselor adalah merupakan faktor yang penting dalam
menentukan keberkesanan perkhidmatan kaunseling yang ditawarkan (Brammer,
1993; Combs, 1982; Patterson & Eisenberg, 1983). Sehubungan dengan itu, Karen
(2003) telah menyarankan kepada individu yang berada dalam profesion kaunseling
supaya mengukur kebolehan diri sendiri sebagai asas pembinaan kualiti diri untuk
menjadi kaunselor yang mempunyai kualiti profesionalisme yang tinggi.

Seterusnya satu kajian untuk mengenalpasti samada terdapat hubungan
antara perkembangan kemahiran personal kaunselor dengan kemahiran silang
budaya telah dijalankan oleh Torres et.al. (2001). Kajian dilakukan terhadap 17
orang pelajar kaunseling peringkat sarjana yang sedang menjalankan latihan
kaunseling. Dua instrumen yang digunakan adalah *Counselor Skills Personal
Development* - CSPD (Wilbur, 1991) untuk mengukur perkembangan kemahiran
personal kaunselor dan *Group Dynamic Inventory* -GDI (Phan dan Torres-Rivera,
2000). Dapatan kajian menunjukkan terdapat hubungan yang kuat antara kesedaran
personal dan kemahiran kaunseling. Kajian juga mendapati wujud hubungan yang
kuat antara kesedaran personal dengan kemahiran silang budaya. Selain itu, hasil
kajian menunjukkan bahawa terhadapt perbezaan yang signifikan antara keenam-
enam fasa kemahiran kaunseling iaitu kemahiran interpersonal, empati dan sensitiviti
emosi.

Kesimpulannya menurut Torres et. al (2001), walaupun responden kajian
mempunyai pengetahuan berhubung dengan kemahiran dan teknik-teknik kaunseling
tetapi kemahiran untuk bertindak serta bilakah masa yang sesuai untuk melakukan
intervensi masih belum dapat dipraktikkan dengan betul. Dengan menumpukan
hanya kepada perkembangan personal sahaja tanpa disertakan dengan kemahiran
kaunseling akan menyebabkan penyalahgunaan kemahiran dan mengurangkan
keberkesanan kaunseling. Dengan itu mereka mencadangkan kaunselor pelatih
menimba banyak pengalaman serentak dengan perkembangan kemahiran dan
perkembangan personal mereka.

Havens (2003), pula membuat tinjauan hubungan antara tret efikasi kendiri kaunselor kesihatan mental dengan kecekapan kaunseling silang budaya. Kajian ini menggunakan 2 set laporan kendiri yang diukur menggunakan instrumen efikasi kendiri Counselor Self-Efficacy Scale (CSES) dan instrumen kesedaran Multicultural Counseling Awareness Scale (MCAS). DApatan kajian menunjukkan bahawa wujudnya hubungan antara kompetensi kaunseling silang budaya dengan tret efikasi kendiri kaunselor.

Kajian-kajian untuk mengkaji hubungan kecerdasan emosi dengan kecekapan kemahiran dan perkembangan personal kaunseling telah dijalankan di Barat tetapi amat kurang dijalankan di Malaysia. Tinjauan literatur yang dijalankan oleh pengkaji menunjukkan bahawa kajian berhubung dengan kecerdasan emosi adalah lebih tertumpu kepada hubungan dan kesannya terhadap prestasi akademik, kepimpinan, nilai kerja, dan komitmen terhadap kerjaya (Florence Fletcher, 2007; Noriah, Ramlee, Siti Rahayah & Syed Najmuddin, 2003). Manakala kajian berhubung dengan kompetensi kecekapan guru-guru kaunseling pula lebih banyak tertumpu untuk melihat perbezaan tahap kecekapan kepimpinan berdasarkan faktor demografi dan hubungannya dengan keberkesanan sesi kaunseling yang dijalankan.

Kajian yang berkaitan dengan hubungan antara kompetensi kecekapan dan personaliti kaunselor telah dijalankan oleh Sihak dan Nadia (1990) yang mengkaji tahap kompetensi kecekapan dalam kalangan dua kumpulan kaunselor sekolah dan tret personaliti. Set soal selidik telah direka untuk mengukur kompetensi kecekapan dua kumpulan kaunselor tersebut yang berbeza dari aspek penilaian iaitu antara kaunselor yang dinilai rendah dengan kaunselor yang dinilai tinggi oleh penyelia masing-masing. Dapatan kajian ini menunjukkan terdapat hubungan yang signifikan antara tret personaliti kaunselor yang kompeten dengan kaunselor yang tidak kompeten.

Lanjutan dari itu, Hilmi (2006) dalam kajiannya yang mengkaji hubungan antara kompetensi kemahiran kaunseling, pengetahuan dan kesedaran kaunseling budaya dengan efikasi kendiri kaunselor. Kajian ini cuba menyelidik pengaruh kecekapan dalam kaunseling pelbagai budaya dan efikasi kendiri kaunselor ke atas keberkesanan kaunseling yang diukur menerusi pembinaan ikatan kerjasama antara kaunselor-klien dalam proses kaunseling.   Kaedah korelasi digunakan untuk menyelidiki hubungan antara kecekapan kaunseling pelbagai budaya dan efikasi kendiri dengan ikatan kerjasama kaunselor-klien.   Hasil dapatan kajian mendapati bahawa terdapat perkaitan yang signifikan dan positif antara kaunseling pelbagai budaya dengan ikatan kerjasama kaunselor-klien.   Dapatan kajian ini juga menunjukkan terdapat hubungan yang positif dan signifikan antara efikasi kendiri dengan kecekapan kaunseling pelbagai budaya.   Analisis regresi pelbagai pula menunjukkan bahawa efikasi kendiri kaunselor merupakan peramal yang signifikan bagi membina ikatan kerjasama kaunselor-klien dalam proses kaunseling pelbagai budaya.

Kajian yang telah dijalankan oleh Nor Azian (2009) ke atas guru-guru kaunseling sekolah menengah negeri Johor mendapati bahawa terdapat perbezaan yang signifikan dari segi pengalaman dalam semua aspek kecekapan kemahiran kaunseling iaitu sensitiviti emosi, kemahiran mendengar, kemahiran silang budaya dan kemahiran mempengaruhi berdasarkan faktor demografi.   Dapatan kajian ini juga menunjukkan terdapatnya hubungan yang positif dan rendah antara tahap kecekapan kemahiran kaunseling dengan aspek kepuasan kerja guru kaunseling.

Sebagai rumusan, berdasarkan dapatan kajian-kajian lepas, dapatlah dijelaskan bahawa komponen kecerdasan emosi dan kecekapan kepimpinan kaunseling merupakan dua pembolehubah-pembolehubah yang diberi tumpuan dan dikaitkan dengan keberkesanan perkhidmatan kaunselor.   Hubungan antara dua faktor pembolehubah ini merupakan antara faktor penting dalam menyediakan perkhidmatan kaunseling yang berkualiti dan berkesan.

2.7   Penutup

Sebagai kesimpulan, bab ini telah membincangkan model utama kajian iaitu Teori Kecerdasan Emosi (Goleman, 1999) dan Model Kecekapan Kepimpinan Kaunseling (Wilbur, 1994) yang mendasari kajian ini. Di samping itu, penyelidik juga membincangkan sorotan mengenai penghasilan teori dan model-model kecerdasan emosi dan kecekapan kepimpinan kaunseling bagi memberikan gambaran penghasilan dan perkembangan kedua-dua aspek kecerdasan emosi dan kecekapan kemahiran dan perkembangan personal kaunseling.

Bab ini juga telah mengemukakan sorotan penulisan tentang kajian-kajian yang telah dijalankan oleh pengkaji-pengkaji dari dalam dan luar negara. Namun terlalu sedikit kajian yang mengkaji hubungan antara elemen kecerdasan emosi dengan kecekapan kemahiran dan perkembangan personal dalam konteks perkhidmatan kaunseling yang sentiasa mengalami perubahan dan menghadapi pelbagai cabaran dalam era globalisasi. Oleh yang demikian, kajian hubungan antara kecerdasan emosi dan kecekapan kemahiran dan perkembangan personal ini perlu diperkembangkan.

BAB 3

METODOLOGI

3.1   Pengenalan

Metodologi kajian menjelaskan bentuk rangka kerja untuk menjalankan sesuatu kajian. Metodologi kajian merupakan bahagian penting kerana melibatkan proses perancangan, mengumpul, menganalisis dan mentafsir data yang akan dijadikan bukti bagi mengesahkan hipotesis yang telah dibentuk (Mohd Majid, 2000). Selain itu, metodologi kajian juga boleh digunakan untuk memastikan objektif kajian dapat dicapai berdasarkan data sah dan dipercayai (Mohd Najib Abdul Ghaffar, 1999).   Bab ini menjelaskan metodologi yang digunakan untuk menyempurnakan kajian. Aspek yang diberi penekanan adalah seperti di bawah:

i.   Reka bentuk kajian.

ii.   Populasi dan sampel kajian.

iii.   Lokasi Kajian

iv.   Instrumen kajian.

v.   Prosedur Kajian

vi.   Analisis data.

3.2   Reka Bentuk Kajian

Sulaiman (2003), menyatakan rekabentuk kajian adalah perancangan yang menentukan cara penyelidikan dijalankan untuk menemukan jawapan kepada permasalahan kajian yang telah ditetapkan. Reka bentuk kajian melibatkan aspek penyelidikan seperti permasalahan, strategi, populasi, persampelan, pembolehubah, cara pengukuran, pengumpulan dan penganalisisan data.   Secara ringkasnya, rekabentuk kajian adalah kaedah bagi membolehkan maklumat diperolehi untuk menjawab persoalan kajian yang dibina dan ia juga berperanan sebagai rangka kerja penyelidikan bagi menjawab dan mencapai objektif kajian.

Reka bentuk sesuatu kajian merupakan teknik dan kaedah tertentu yang digunakan untuk memperolehi maklumat yang diperlukan bagi menyelesaikan sesuatu masalah. Tujuan kajian ini adalah untuk mengenalpasti tahap kecerdasan emosi guru-guru kaunseling daerah Kulaijaya, mengenalpasti perbezaan tahap kecerdasan emosi (pembolehubah bebas) berdasarkan faktor demografi (pembolehubah bebas), mengkaji tahap kecekapan kemahiran dan perkembangan personal (pembolehubah bersandar) dan seterusnya melihat hubungan antara komponen kecerdasan emosi dengan kecekapan kemahiran dan perkembangan personal dalam kalangan guru-guru kaunseling di daerah Kulaijaya. Oleh itu, kajian yang dijalankan ini merupakan kajian deskriptif berbentuk kajian kes yang mengkaji populasi yang terdiri daripada guru-guru kaunseling daerah Kulaijaya, Johor.

Menurut Mohd Majid (2000), kajian kes dilakukan bermatlamat untuk menyelesaikan sesuatu masalah yang dihadapi dan dilakukan secara intensif ke atas satu unit kecil sosial seperti individu, satu keluarga, satu kampung, sartu kelab, satu sekolah atau satu masyarakat. Penekanan kajian kes adalah kepada pemahaman mengenai persoalan mengapa unit sosial menjadi seperti keadaannya sekarang dan bagaimana perubahan tingkahlaku pada unit sosial tersebut berlaku disebabkan oleh pembolehubah-pembolehubah berkaitan. Kelebihan utama kajian kes adalah dari segi maklumat tentang unit sosial yang diperolehi adalah terperinci dan sempurna.

Oleh sebab kajian ini menggunakan soal selidik sebagai instrumen utama bagi mengumpulkan data secara kuantitatif, maka kajian ini mengaplikasikan kaedah tinjauan. Menurut Mohd. Najib (2001), kaedah tinjauan adalah merupakan satu kajian di mana pengkaji akan memungut data dalam satu masa tertentu sahaja dan kebiasaannya menggunakan soal selidik. Menurut Neuman (2000), tinjauan merupakan kaedah yang paling sesuai bagi soalan kajian berkaitan dengan kepercayaan, sikap, pendapat atau tingkah laku yang menggunakan laporan kendiri. Dengan itu, penyelidik mendapati kaedah tinjauan adalah sesuai berdasarkan objektif kajian ini.

3.3 Lokasi Kajian

Dalam kajian ini, penyelidik telah menetapkan kaedah kajian kes dalam memilih sebuah daerah di negeri Johor yang memperolehi prestasi pencapaian akademik yang terendah. Prestasi pencapaian akademik akan dinilai daripada keputusan peperiksaan Sijil Pelajaran Malaysia (SPM) berdasarkan Laporan Prestasi Pencapaian SPM bagi sepuluh daerah yang terdapat di negeri Johor.

Daripada analisa yang dibuat, didapati daerah Kulaijaya merupakan daerah yang memperolehi prestasi pencapaian terendah dalam peperiksaan SPM bagi tiga tahun berturut-turut iaitu tahun 2008, 2009 dan 2010. Umumnya, penilaian keberkesanan guru-guru sekolah diukur berdasarkan prestasi pencapaian akademik dalam kalangan pelajar-pelajar seperti yang dijelaskan oleh Noriah *et. al.* (2003). Oleh itu, prestasi pencapaian peperiksaan SPM ini memberikan senario yang kurang memuaskan terhadap perkhidmatan bimbingan dan kaunseling yang diberikan oleh guru-guru kaunseling di daerah ini. Keadaan ini memudahkan proses memungut data kerana guru-guru kaunseling di daerah ini dipercayai dapat memberikan maklumat dengan lebih tepat terutama dalam aspek kecerdasan emosi serta kecekapan kemahiran dan perkembangan personal yang merupakan dua pembolehubah penting dalam kajian yang dijalankan.

Sehubungan dengan itu, lokasi kajian yang dipilih adalah daerah Kulaijaya. Kajian ini dijalankan dengan melibatkan semua sekolah-sekolah menengah di daerah Kulaijaya yang terdiri dari 16 buah sekolah menegah kesemuanya. Sekolah-sekolah menengah ini termasuklah sekolah harian biasa bantuan kerajaan atau disebut Sekolah Menengah Kebangsaan (SMK), Sekolah Menengah Asrama Pusat, dan Sekolah Menengah Pendidikan Khas Vokasional.

3.4 Populasi Dan Persampelan Kajian

Kumpulan sasaran kajian ini adalah terdiri daripada guru-guru kaunseling sepenuh masa di sekolah-sekolah menengah daerah Kulaijaya, Johor. Untuk kajian ini, ciri-ciri populasi yang diambil kira ialah guru kaunseling yang dilantik secara rasmi oleh Kementerian Pelajaran Malaysia (1996), yang sedang memberi perkhidmatan bimbingan dan kaunseling sepenuh masa di sekolah-sekolah menengah di daerah Kulaijaya. Guru-guru tersebut juga memiliki sekurang-kurangnya Ijazah Sarjana Muda dalam Kaunseling atau Psikologi. Kelayakan akademik ini diharap dapat memberikan maklumbalas dan dapat memberikan gambaran sebenar mengenai jangkaan tahap kecerdasan emosi dan hubungannya dengan tahap kecekapan kemahiran dan perkembangan personal guru-guru kaunseling.

Kajian ini menggunakan kaedah kajian kes yang melibatkan keseluruhan populasi guru-guru kaunseling daerah Kulaijaya, Johor sebagai sampel kajian kerana penyelidik menganggap bahawa setiap unit dalam kumpulan tersebut memiliki informasi yang diperlukan bagi penelitiannya (Mohd Majid, 2000).

Berdasarkan maklumat rekod Pejabat Pelajaran Daerah Kulaijaya yang telah dikemaskini sehingga 03 Mei 2010, didapati seramai 52 orang orang guru kaunseling yang berkhidmat di daerah Kulaijaya. Oleh itu, bagi tujuan kajian ini, penyelidik memilih keseluruhan 52 orang guru kaunseling di daerah Kulaijaya, Johor sebagai sampel kajian bagi mendapatkan data lebih tepat dan komprehensif. Berikut adalah senarai guru-guru kaunseling dari 16 buah sekolah menengah di daerah Kulaijaya.

Jadual 3.1 : Guru Kaunseling Sekolah Menengah Daerah Kulaijaya

BIL	SEKOLAH	Perempuan			Lelaki		
		Melayu	Cina	India	Melayu	Cina	India
1	SMK Senai	4	-	-	-	1	
2	SMK Tunku Abdul Rahman Putra	2	1	-	1	-	-
3	SMK Sultan Alauddin	1	-	-	1	-	-
4	SMK Bandar Tenggara	1	-	-	2	-	-
5	SMK Kelapa Sawit	2	1	-	1	1	-
6	SMK Kulai Besar	1	1	-	1	-	-
7	SMK Taman Kota Kulai	1	-	-	1	-	-
8	SMK Kangkar Pulai	5	1	-	1	-	-
9	SMK Bandar Tenggara 2	1	1	-	1	-	-
10	SMK Seri Pinang	1	-	-	1	-	-
11	SMK Taman Putri	2	-	-	-	-	-
12	SMK Bandar Putra	2	-	-	1	-	-
13	SMK Indahpura 1	3	1	-	-	1	-
14	SM Pendidikan Khas Vokasional Indahpura	1	-	-	-	-	-
15	SMK Munshi Abdullah	1	1	-	-	-	-
16	SMK Sultan Ibrahim	2	1	-	1	-	-
		30	8	-	11	3	
	JUMLAH KESELURUHAN GURU KAUNSELING					52	

3.5 Instrumen Kajian

Menurut Frankael dan Wallen (1996), pengumpulan data sangat penting dalam penyelidikan. Sehubungan dengan itu, jenis data, kaedah pengumpulan yang digunakan dan skor data perlu ditadbir dengan baik. Sebelum ditadbir, data-data hendaklah ditakrifkan terlebih dahulu sebelum dianalisis (Azizi et.al., 2007). Secara keseluruhan pengumpulan data dikenali sebagai instrumen kajian.

Instrumen yang digunakan dalam kajian ini adalah jenis soal selidik. Menurut Mohd. Najib (1999), soal selidik merupakan kaedah yang paling popular, mudah ditadbir dan data senang diperolehi untuk dianalisis. Kelebihan soal selidik ini dapat mengukur ciri-ciri atau pembolehubah yang hendak diukur daripada saiz sampel. Pengkodan yang dilakukan lebih awal ke atas setiap jawapan membolehkan atur cara penganalisisan dan teknik analisis yang berkesan ditentukan. Penganalisisannya dapat dikendalikan dengan cepat dan berkesan.

Satu set soal selidik digunakan dalam kajian ini iaitu Bahagian A yang merupakan butir-butir demografi iaitu maklumat peribadi responden. Bahagian B mengandungi domain Kompetensi Kecerdasan Emosi manakala Bahagian C pula mengandungi komponen Kecekapan Kemahiran Dan Perkembangan Personal.

3.5.1 Bahagian A – Maklumat Diri

Bahagian A soal selidik ini mengandungi maklumat diri responden. Soal selidik ini digunakan bagi mengumpul dan mengutip data tentang maklumat peribadi dan latar belakang sampel kajian bagi memudahkan pengkelasan atau mengenal pasti subjek semasa penganalisisan data dijalankan. Responden dikehendaki mengisi maklumat diri pada ruang yang disediakan dalam Bahagian A.

Dalam kajian ini, soal selidik dalam Bahagian A mengandungi item-item yang berkaitan dengan latar belakang responden seperti berikut :

i.   Jantina
ii. Kelayakan akademik

iii.   Gred perjawatan guru kaunseling

iv.   Tempoh berkhidmat

3.5.2 Bahagian B – Kecerdasan Emosi

Bahagian B soal selidik pula adalah terdiri daripada Instrumen Kompetensi Kecerdasan Emosi bagi mengukur tahap kecerdasan emosi responden kajian. Instrumen ini diadaptasikan daripada Inventori Kompetensi Kecerdasan Emosi oleh Goleman (1998) yang telah diubahsuai oleh Reimy Suriani (2001). Instrumen yang diadaptasi dari Goleman (1998) ini dipilih kerana mampu mengukur kecerdasan emosi dalam lima domain seperti yang ditetapkan dan didapati amat bertepatan dengan objektif kajian dan bersesuaian digunakan pada responden kajian.

Instrumen Kompetensi Kecerdasan Emosi ini mengandungi 50 item, yang mengukur lima domain utama Kecerdasan Emosi seperti yang dijelaskan dalam Model Kecerdasan Emosi Goleman (1998) iaitu merangkumi domain kesedaran kendiri, pengawalan kendiri, motivasi kendiri, empati dan kemahiran sosial.

Terdapat 50 item dalam kesemua kategori soalan yang disediakan. Bilangan item bagi setiap kategori adalah seperti dalam Jadual 3.2.

Jadual 3.2 : Instrumen Kecerdasan Emosi (EQ)

Kategori	No. Item	Jumlah Item
Keupayaan mengenal emosi kendiri	1, 2, 3, 4, 5, 6, 7, 8, 9, 10	10
Pengawalan emosi kendiri	11, 12, 13, 14, 15, 16, 17, 18, 19, 20	10
Motivasi kendiri	21, 22, 23, 24, 25, 26, 27, 28, 29, 30	10
Empati	31, 32, 33, 34, 35, 36, 37, 38, 39, 40	10

| Kemahiran Sosial | 41, 42, 43,44,45, 46, 47, 48, 49, 50 | 10 |

Daripada 50 item yang terkandung dalam Instrumen Kompetensi Kecerdasan Emosi, sebanyak 33 item adalah terdiri daripada item dalam bentuk kenyataan yang positif manakala sebanyak 17 item adalah dalam bentuk kenyataan yang negatif. Jadual 3.2 menunjukkan item-item positif dan negatif yang terdapat dalam Instrumen Kompetensi Kecerdasan Emosi.

Jadual 3.3 : Kedudukan Item-Item Positif Dan Negatif Bagi Soal Selidik

Item	Kedudukan Item	Jumlah Item
Positif	2, 5, 7, 8, 14, 16, 17, 19, 22, 23, 25, 26, 27, 28, 30, 31, 32, 33, 35, 36, 37, 39, 40, 41, 42, 43, 44, 45, 46, 47, 48, 49, 50	33
Negatif	1, 3, 4, 6, 9, 10, 11, 12, 13, 15, 18, 20, 21, 24, 29,34, 38	17

Pengukuran yang digunakan bagi soal selidik ini ialah menggunakan skala Likert Lima Mata iaitu "Sangat Setuju", "Setuju", "Tidak Pasti", "Tidak Setuju" dan "Sangat Tidak Setuju". Responden perlu menyatakan tindak balas terhadap aspek yang dikaji samada 'Sangat Setuju' , 'Setuju' , 'Tidak Pasti' , 'Tidak Setuju' atau 'Sangat Tidak Setuju' bagi setiap pernyataan yang diberi. Jadual 3.4 di bawah menunjukkan kategori skala Likert lima mata yang digunakan.

Jadual 3.4: Kategori Skala Likert Lima Mata

Skala Likert	Sangat Setuju (SS)	Setuju (S)	Tidak Pasti (TP)	Tidak Setuju (TS)	Sangat Tidak Setuju (STS)
Skor	5	4	3	2	1

3.5.2.1 Cara Pemarkatan Instrumen Kecerdasan Emosi

Permarkatan Inventori Kecerdasan Emosi dibuat berdasarkan kepada skala lima mata seperti yang ditunjukkan dalam jadual 3.5 berikut.

Jadual 3.5 : Pemarkatan Skala Likert Lima Mata

Peringkat	Nilai Skor
Sangat Setuju	5
Setuju	4
Tidak Pasti	3
Tidak Setuju	2
Sangat Tidak Setuju	1

Pemarkatan bagi instrumen kecerdasan emosi adalah berdasarkan skala Likert lima pilihan jawapan dengan nilai skor 5 bagi skala 'Sangat Setuju', nilai skor 4 bagi skala 'Setuju', skor 3 bagi skala 'Tidak Pasti', skor 2 bagi skala 'Tidak Setuju' dan skor 1 bagi skala 'Sangat Tidak Setuju'.

Item-item dalam soal selidik ini berbentuk negatif dan positif. Jawapan yang diberikan oleh responden boleh jadi negatif atau positif. Bagi item positif, jika responden benar-benar bersetuju dengan pernyataan yang diberikan, maka responden akan memberikan skor 5. Sekiranya responden tidak bersetuju dengan pernyataan tersebut, maka haruslah memberikan skor 1 pada item yang berkenaan.

Begitu juga bagi item-item negatif, jika responden benar-benar bersetuju dengan pernyataan yang diberikan, maka responden akan memberikan skor 1. Tetapi jika sebaliknya iaitu sekiranya responden tidak bersetuju dengan pernyataan yang diberikan, maka haruslah memberikan skor 5 pada item tersebut. Jadual 3.6 menunjukkan cara pemarkatan bagi item positif dan item negatif.

Jadual 3.6 : Pemarkatan Bagi Item Positif Dan Item Negatif

Jawapan	Skor Item Positif	Skor Item Negatif
1	1	5
2	2	4
3	3	3
4	4	2
5	5	1

3.5.3. Bahagian C - Kecekapan Kemahiran Kaunseling Dan Perkembangan Personal

Bahagian C soal selidik adalah merupakan instrumen yang diadaptasikan daripada Instrumen Kecekapan Kemahiran Dan Perkembangan Personal Kaunselor yang dibentuk oleh Wilbur (1994). Instrumen ini dibina untuk mengukur kecekapan kemahiran dan perkembangan personal kaunselor dan telah diubahsuai serta digunakan dalam kajian oleh Nor'Azian Rohani (2009). Instrumen yang dibentuk oleh Wilbur ini dipilih kerana mampu mengukur perkembangan personal dan kecekapan kepimpinan kaunseling dan didapati amat bertepatan dengan objektif kajian dan bersesuaian digunakan pada responden kajian.

Instrumen ini mengandungi 20 item yang menerangkan kecekapan kaunselor dalam membalas respons klien. Kecekapan dinilai dalam 6 *point* skala Likert yang bermula dari 1 – "Lemah" hingga 6 –"Sangat Cemerlang. Instrumen Kecekapan Kemahiran Kaunseling ini terbahagi kepada 4 faktor iaitu (a) Sensitiviti Emosi, (b) Kemahiran Asas Mendengar, (c) Kemahiran Silang Budaya dan (d) Kemahiran Mempengaruhi.

Secara keseluruhannya, Wilbur (1994) mengkategorikan faktor 1 dan 3 iaitu Sensitiviti Emosi dan Kemahiran Silang Budaya sebagai Perkembangan Personal (Personal Development) sementara faktor 2 dan 4 iaitu Kemahiran Asas Mendengar dan Kemahiran Mempengaruhi sebagai Perkembangan Kemahiran Kaunselor (Skills Development).

Terdapat 20 item dalam kesemua dimensi soalan yang disediakan. Bilangan item bagi setiap faktor adalah seperti berikut:

Jadual 3.7 Instrumen Kecekapan Kepimpinan Dan Perkembangan Personal

Faktor	Item	Bilangan Item
Sensitiviti Emosi	1, 2, 3, 4, 5 dan 20	6
Kemahiran Mendengar	6, 7, 9 dan 15	4
Kemahiran Silang Budaya	8, 12, 14, 16, 18 dan 19	6
Kemahiran Mempengaruhi	10, 11,13 dan 17	4
	20	20

3.6.3.1 Cara Pemarkatan Instrumen Kecekapan Kemahiran Dan Perkembangan Personal Kaunselor

Item-item personal dan kemahiran kaunseling menggunakan skala enam mata bermula dengan 1 – "Sangat lemah" hingga 6 – "Sangat Cemerlang", seperti dalam jadual di bawah.

Jadual 3.8 : Pemarkatan Skala Enam Mata

Bentuk Pilihan	Markat
Sangat Lemah	1
Lemah	2
Sederhana	3
Baik	4
Cemerlang	5
Sangat Cemerlang	6

3.6 Kebolehpercayaan dan Kesahan Instrumen

Kebolehpercayaan dan keesahan adalah ukuran yang merujuk kepada kestabilan dan ketekalan alat kajian sama ada ia dapat menjawab soalan kajian yang digunakan. Kualiti sesuatu instrumen kajian adalah bergantung kepada keesahan dan kebolehpercayaannya (Moore, 1983). Untuk memastikan instrumen Kompetensi Kecerdasan Emosi.yang digunakan memperolehi kebolehpercayaan yang tinggi, maka penyelidik telah menjalankan kajian rintis untuk menguji kebolehpercayaan instrumen ini.

3.6.1 Kebolehpercayaan dan Keesahan Instrumen Kompetensi Kecerdasan Emosi

Instrumen ini merupakan instrumen yang telah diubahsuai daripada Inventori Kompetensi Emosi oleh Goleman pada tahun 1998 dan telah digunakan dalam kajian yang dijalankan oleh Reimy Suriany (2001) dan Asliza (2004).

Kajian yang telah dijalankan oleh Reimy Suriany (2001) bagi menguji indeks kebolehpercayaan instrumen ini, mendapati ia berada pada indeks kebolehpercayaan yang baik iaitu dengan nilai perolehan nilai *Cronbach's Alpha Coefficient* (Cronbach, 1951) = 0.80. Manakala kajian rintis yang telah dijalankan oleh Asliza (2004) bagi menguji indeks kebolehpercayaan, menunjukkan perolehan nilai *Cronbach's Alpha Coefficient* (Cronbach, 1951) = 0.92. Menurut Sekaran (2000), yang mengatakan bahawa nilai *alpha* sekitar .70 dianggap baik dan nilai *alpha* yang melebihi .80 dianggap lebih baik. Berdasarkan kepada analisis pengkaji-pengkaji lepas, tidak dinafikan bahawa instrumen Kompetensi Kecerdasan Emosi ini mempunyai kebolehpercayaan (reliability) yang tinggi serta boleh diterima.

3.6.2   Kebolehpercayaan dan Kesahan Instrumen Kecekapan Kemahiran Dan Perkembangan Personal Kaunselor

Kebolehpercayaan Instrumen Kecekapan Kemahiran Dan Perkembangan Personal Kaunselor dapat dilihat dari kajian-kajian lepas yang menggunakan *Cronbach's Alpha Coefficient* (Cronbach, 1951) = 0.88 oleh Smaby, Marlowe et.al. (2005). Manakala pengujian yang dijalankan oleh Torres-Rivera, Edil et.al (2001) pula mendapati instrument ini mempunyai *Cronbach's Alpha Coefficient* (Cronbach, 1951) = 0.992 hingga 0.957. Seterusnya Torres-Rivera, Edil et.al pada tahun 2002 pula mendapati alat kajian ini memperolehi nilai *Cronbach's Alpha Coefficient* (Cronbach, 1951) = 0.91 dengan menggunakan *Cronbach's Alpha Coefficient* (Cronbach, 1951) (Cronbach, 1951).

Instrumen Kecekapan Kemahiran Dan Perkembangan Personal Kaunselor ini seterusnya juga telah digunakan dalam kajian yang dijalankan oleh Nor'Azian Rohani (2009). Instrumen ini telah diterjemahkan ke dalam Bahasa Melayu dengan sedikit pengubahsuaian untuk disesuaikan dengan tujuan kajian. Terjemahan yang dilakukan dan *content validity* telah disahkan oleh 2 orang pakar dalam bidang kaunseling iaitu Dr. Tan Soo Yin yang merupakan seorang pensyarah kaunseling dari Nanyang Technological University, Singapura. Manakala semakan kedua pula dilakukan oleh Profesor Dr. Mohd. Tajuddin Haji Ninggal yang merupakan seorang pensyarah kaunseling dari Universiti Teknologi Malaysia (UTM).

Kebolehpercayaan instrumen ini juga telah diuji oleh Nor'Azian Rohani (2009) yang telah menjalankan kajian rintis dalam kalangan guru kaunseling sekolah-sekolah menengah. Nilai *Cronbach's Alpha Coefficient* (Cronbach, 1951) yang diperolehi adalah = 0.882.

Sesuatu instrumen yang mempunyai nilai *Alpha Cronbach* melebihi 0.85, maka boleh dianggap instrumen ini mempunyai nilai kebolehpercayaan yang tinggi (Salleh, 2001). Jika dirujuk kepada analisis pengkaji-pengkaji lepas yang telah menggunakan Instrumen Kecekapan Kemahiran Dan Perkembangan Personal

Kaunselor tidak dinafikan bahawa instrumen ini mempunyai kebolehpercayaan (reliability) yang tinggi serta boleh diterima.

3.7 Prosedur Kajian

Sebelum kajian dijalankan, penyelidik terlebih dahulu menghubungi Bahagian Perancangan Dan Penyelidikan Dasar (BPPDP) Kementerian Pelajaran Malaysia untuk mendapatkan kebenaran menjalankan penyelidikan di sekolah-sekolah menengah di daerah Kulaijaya, Johor dan menjadikan guru -guru kaunseling sebagi respoden kajian. Penyelidik, seterusnya mendapatkan kerjasama dari Jabatan Pelajaran Negeri Johor dan Pejabat Pelajaran Daerah Kulaijaya untuk memperolehi senarai nama sampel yang dipilih sebagai responden kajian.

Kajian yang dilaksanakan ditadbir menggunakan borang soal selidik mengikut piawaian kajian ke atas guru-guru kaunseling daerah Kulaijaya, Johor. Penerangan tentang cara mengisi borang soal selidik dijelaskan oleh penyelidik kepada responden sebelum mengisi borang soal selidik yang diedarkan. Penyelidik menggunakan beberapa instrumen untuk mendapatkan data-data bagi kecerdasan emosi dan kecekapan kemahiran dan perkembangan personal menggunakan Borang Maklumat Diri, Instrumen Kompetensi Kecerdasan Emosi dan Instrumen Kecekapan Kemahiran Dan Perkembangan Personal.

Setelah mengenalpasti soal selidik yang bersesuaian untuk digunakan dalam kajian, penyelidik sendiri mengedarkan soal selidik kepada para responden. Prosedur dalam menjalankan kajian ini adalah seperti berikut:

    i.   Memilih dan menetapkan masa dan tempat yang sesuai untuk berjumpa dengan guru-guru kaunseling.

    ii.   Berjumpa dan mengumpulkan guru kaunseling di dalam dewan.

    iii.   Menerangkan kepada responden tujuan kajian yang dijalankan.

    iv.   Menerangkan cara untuk menjawab soal selidik kepada responden.

    v.   Responden diberikan masa yang cukup untuk menjawab soal selidik.

    vi.   Mengutip dan mengira soal selidik yang dikembalikan responden pada

          hari yang sama.

3.8   Proses Mengumpul Data

Pemprosesan data merupakan teknik untuk pengumpulan, pengolahan, penganalisisan, penyimpanan dan pengeluaran data. Matlamat pemprosesan data ialah untuk mendapatkan maklumat yang berguna dan bermakna daripada data tersebut. Data yang diperolehi daripada soal selidik yang diedarkan merupakan bahan mentah yang diperoleh untuk analisis bagi melihat hasil penyelidikan yang dijalankan.

Borang soal selidik yang dipungut disemak terlebih dahulu untuk memastikan setiap responden menjawab soal selidik mematuhi arahan dan keperluan yang telah ditetapkan dalam kajian.

Penentuan kaedah yang digunakan untuk menganalisis data bergantung kepada jenis data dan maklumat yang hendak diketahui. Data yang diperoleh kemudiannya dianalisis dengan menggunakan perisian *Stataistical Package For Social Science* SPSS versi 16.0. Proses analisis data ini dilakukan berlandaskan kepada objektif, soalan kajian dan hipotesis kajian. Proses ini melibatkan penggunaan statistik deskripif dan statistik inferensi.

3.9   Penganalisisan Data

Data akan dianalisis secara dua kaedah iaitu secara deskriptif dan inferensi. Menurut Hinkle, Wiersma dan Jurs (1988), statistik deskriptif digunakan bagi mengklasifikasikan dan merumus data numerik. Dalam proses menganalisa data demografi responden, penyelidik akan menggunakan kaedah statistik deskriptif iaitu pengiraan kekerapan dan peratusan. Secara amnya, proses analisis data dalam kajian ini menjurus kepada persoalan kajian dan hipotesis kajian.

3.9.1 Penganalisisan Persoalan Kajian

Statistik deskriptif yang digunakan ialah kekerapan, peratusan dan min skor. Maklumat di bahagian A iaitu soal selidik yang berkaitan dengan latar belakang responden (jantina, lokasi sekolah, gred perjawatan dan tempoh pengalaman) dianalisis secara deskriptif dan diterangkan dalam bentuk jadual yang menunjukkan taburan kekerapan dan peratusan.

Analisis deskriptif yang menunjukkan kekerapan dan peratusan setiap item juga digunakan dalam menganalisis item-item soal selidik pada Bahagian B (item kecerdasan emosi) dan Bahagian C (item kecekapan kemahiran dan perkembangan personal). Penganalisisan data untuk menjawab persoalan kajian kedua dan ketiga iaitu menentukan tahap kecerdasan emosi dan kecekapan kemahiran dan perkembangan personal turut ditentukan berdasarkan pengiraan kekerapan, pemeratusan dan skor min yang diperolehi oleh responden. Hasil analisis yang diperolehi dipersembahkan dalam bentuk jadual.

Cara memproses dan menganalisis data diterangkan mengikut persoalan kajian yang telah dibentuk. Jadual 3.9 menunjukkan analisis deskriptif yang telah dilakukan untuk menjawab persoalan kajian untuk melihat tahap kecerdasan emosi dan tahap kecekapan kemahiran dan perkembangan personal seperti yang ditunjukkan dalam jadual di bawah.

Jadual 3.9 : Jadual Ringkasan Analisis Deskriptif

Bil	Soalan Kajian/ Hipotesis	Statistik yang digunakan
Persoalan Kajian 1	Apakah tahap kecerdasan emosi (kesedaran kendiri, pengawalan kendiri, motivasi kendiri, empati dan kemahiran sosial) guru-guru kaunseling sekolah menengah daerah Kulaijaya?	Min Sisihan Piawai Peratus
Persoalan Kajian 3	Apakah tahap kecekapan kemahiran dan perkembangan personal guru-guru kaunseling sekolah menengah daerah Kulaijaya?	Min Sisihan Piawai Peratus

Penetapan skor indeks tahap kecerdasan emosi diperolehi daripada Inventori Kompetensi Kecerdasan Emosi yang mempunyai lima komponen yang mana skor minimum dan maksimum setiap komponen bergantung kepada jumlah nilai skor daripada maklumbalas responden. Penengah bagi skor setiap komponen digunakan untuk menentukan komponen yang manakah dalam aspek kecerdasan emosi mempunyai tahap penguasaan yang paling tinggi dalam kalangan guru kaunseling.

Dalam kajian ini, pemarkatan tahap kecerdasan emosi dibahagikan kepada tiga tahap berdasarkan min skor yang diperolehi.   Untuk menentukan tahap kecerdasan emosi, taburan nilai min yang diperolehi telah dikategorikan mengikut tiga tahap iaitu tinggi, sederhana dan rendah. Terdapat 50 item yang dibentuk, di mana skor maksima 250 dan skor minima adalah 50. Julah skor dibahagikan dengan 50 untuk mendapatkan nilai julat skor min iaitu nilai antara 1.00 hingga 5.00. Bagi tujuan menganalisis, julat nilai maksima dan nilai minima ini telah dibahagi kepada tiga. Skor-skor yang diperolehi adalah min antara 1.00 hingga 2.33 sebagai tahap rendah, min 2.34 hingga 3.66 sebagai tahap sederhana dan min 3.67 sehingga 5.00 sebagai tahap tinggi. Pembahagian tahap tersebut adalah seperti dalam jadual 3.10

Jadual 3.10 : Skor Indeks Tahap Kecerdasan Emosi

Tahap Kecerdasan Emosi	Min Skor
Tinggi	3.67 – 5.00
Sederhana	2.34 – 3.66
Rendah	1.00 – 2.33

Manakala penetapan skor indeks tahap kecekapan kemahiran dan perkembangan personal diperolehi daripada Inventori Kecekapan Kemahiran Dan Perkembangan Personal Kaunselor yang menggunakan skala 6 mata yang mana skor minimum dan maksimum setiap komponen bergantung kepada jumlah nilai skor daripada maklumbalas responden. Penengah bagi skor setiap komponen digunakan untuk menentukan komponen yang manakah dalam aspek kecekapan kemahiran dan perkembangan personal mempunyai tahap penguasaan yang paling tinggi dalam kalangan guru kaunseling.

Terdapat 20 item yang dibentuk, di mana skor maksima adalah 120 dan skor minima adalah 20. Jumlah skor dibahagi dengan 20 untuk mendapatkan nilai minima tahap Kecekapan Kemahiran Dan Perkembangan Personal di mana nilai 1.00 – 2.66 dianggap mempunyai tahap kecekapan kaunseling yang rendah, nilai 2.67 – 4.33 mempunyai tahap kecekapan yang sederhana manakala nilai 4.34 – 6.00 mempunyai tahap kecekapan kemahiran dan perkembangan personal yang tinggi seperti yang ditunjukkan dalam jadual 3.11 di bawah.

Jadual 3.11: Skor Indeks Tahap Kecekapan Kepimpinan Kaunseling

Tahap Kecekapan Kemahiran Dan Perkembangan Personal	Julat Skor Min	
	Minima	Maksima
Rendah	1.00	2.66
Sederhana	2.67	4.33
Tinggi	4.34	6.00

3.9.2 Penganalisisan Hipotesis Kajian

Dalam kajian ini, hipotesis-hipotesis (Ho1, Ho21 dan Ho22) akan diuji tahap signifikannya dengan menggunakan perisian SPSS versi 16.0. Analisis ujian-*t* dan Anova satu hala digunakan untuk melihat perbezaan tahap kecerdasan emosi berdasarkan faktor demografi responden. Analisis ujian-*t* digunakan ke atas data yang mempunyai taburan normal tetapi jumlah sampel kajian adalah kecil.

Penganalisisan menggunakan ujian-*t* dan Anova bertujuan untuk menentukan sama ada terdapat perbezaan signifikan tahap kecerdasan emosi responden mengikut demografi (jantina, gred perjawatan dan tempoh pengalaman). Kesimpulannya, penggunaan kaedah statistik yang bersesuaian dalam kajian ini akan dapat memastikan penolakan atau penerimaan hipotesis kajian yang telah dibina (Mohd. Majid, 1999).

Analisis inferensi, korelasi *Pearson product -moment correlation, r atau lebih dikenali sebagai Pearson r* digunakan untuk melihat hubungan di antara tahap kecerdasan emosi dengan kecekapan kemahiran dan perkembangan personal guru kaunseling. Korelasi *Pearson r* digunakan untuk menguji koefisien dalam menentukan arah kekuatan dan perkaitan di antara satu pembolehubah dengan satu pembolehubah yang lain.

Pekali korelasi positif bermaksud hubungan satu pembolehubah adalah berkadar terus dengan satu pembolehubah yang lain, iaitu apabila nilai satu pembolehubah meningkat, maka nilai pembolehubah yang satu lagi meningkat. Sementara pekali korelasi negatif bermaksud hubungan berkadar songsang, iaitu apabila nilai satu pembolehubah meningkat, nilai pembolehubah yang satu lagi menurun. Magnitud atau kekuatan perhubungan berdasarkan satu julat numerik, di antara -1.0 hingga +1.0. apabila nilai korelasi koefisien $r = .50$, hubungan adalah lebih kuat daripada $r = .40$.

Disamping itu, korelasi koefisien yang bernilai 0 ($r = 0.0$) pula menandakan tidak wujud hubungan di antara pembolehubah atau tiada hubungan linear antara pembolehubah. Manakala bagi korelasi koefisien $r = +1.0$ dan $r = -1.0$ menunjukkan hubungan linear yang sempurna. (Azizi Yahya, 2006).

Menurut Guilford (1956), hubungan korelasi yang wujud di gambarkan dalam bentuk nilai pekali korelasi yang menunjukkan arah dan kekuatan hubungan antara kedua-dua pembolehubah. Oleh itu, nilai pekali korelasi *Guilford's Rule of Thumb* (Guilford, 1956) telah digunakan untuk menginterpretasikan hubungan berkenaan. Nilai pekali korelasi positif menggambarkan wujudnya hubungan langsung antara kedua-dua pembolehubah. Nilai pekali korelasi yang bersamaan dengan "0". menggambarkan tidak wujud hubungan manakala nilai pekali korelasi negatif menggambarkan wujud hubungan yang songsang. Tafsiran umum korelasi berhubung dengan kekuatan hubungan antara kedua-dua pembolehubah adalah seperti dalam jadual 3.12.

Jadual 3.12 : Tafsiran Umum Nilai Pekali Korelasi (Sumber Guiford, J.P., 1956: Fundementalof Statistic on Psychology and Education. McGraw Hill: New York)

Nilai Pekali Korelasi	Kekuatan Hubungan
.00 hingga .09	Tiada hubungan
.10 hingga .19	Sangat lemah
.20 hingga .40	Lemah
.41 hingga .70	Sederhana
.71 hingga .90	Kuat/ tinggi
0.90 hingga 1.00	Sangat kuat/ sangat tinggi

Cara memproses dan menganalisis data diterangkan mengikut persoalan kajian yang telah dibentuk. Jadual 3.13 menunjukkan analisis inferensi yang telah dilakukan untuk menjawab persoalan kajian untuk melihat perbezaan tahap kecerdasan emosi mengikut demografi dan untuk melihat hubungan tahap kecerdasan emosi dengan kecekapan kemahiran dan perkembangan personal guru kaunseling seperti yang ditunjukkan dalam jadual di bawah .

Jadual 3.13 : Jadual Ringkasan Analisis Inferensi

Bil	Soalan Kajian/ Hipotesis	Statistik yang digunakan
Persoalan Kajian 2	Adakah terdapat perbezaan tahap kecerdasan emosi (kesedaran kendiri, pengawalan kendiri, motivasi kendiri, empati dan kemahiran sosial) mengikut faktor demografi (jantina, lokasi sekolah, gred perjawatan dan tempoh perkhidmatan) dalam kalangan guru kaunseling sekolah menengah daerah Kulaijaya?	Min Sisihan Piawai Peratus Anova Satu Hala Ujian *t*

	Ho1: Tidak terdapat perbezaan yang signifikan antara tahap kecerdasan emosi (kesedaran kendiri, pengawalan kendiri, motivasi kendiri, empati dan kemahiran sosial) mengikut faktor demografi guru-guru kaunseling sekolah menengah di daerah Kulaijaya, Johor.	
Persoalan Kajian 4	Adakah terdapat hubungan antara kecerdasan emosi (kesedaran kendiri, pengawalan kendiri, motivasi kendiri, empati dan kemahiran sosial) dengan kecekapan kemahiran dan perkembangan personal guru-guru kaunseling sekolah menengah daerah Kulaijaya?	Korelasi Pearson *r*
	Ho2 Tidak terdapat hubungan yang signifikan dan positif antara kecerdasan emosi (kesedaran kendiri, pengawalan kendiri, motivasi kendiri, empati dan kemahiran sosial) dengan kecekapan kemahiran dan perkembangan personal guru-guru kaunseling sekolah menengah di daerah Kulaijaya, Johor.	

3.12   Penutup

Kajian ini merupakan kajian deskriptif dalam bentuk kajian kes yang mengaplikasikan kaedah tinjauan dengan menggunakan soal selidik. Unit analisis ialah guru kaunseling sekolah menengah daerah Kulaijaya, Johor. Instrumen untuk mengukur setiap konstruk kajian diambil dari kajian-kajian lepas setelah mengenalpasti kebolehpercayaannya yang tinggi dan menetapi objektif dan persoalan kajian.

Kajian ini melibatkan kajian berbentuk kuantiatif. Maklumat atau data yang diperolehi dianalisis dengan menggunakan kaedah statistik yang bersesuaian dengan objektif dan persoalan kajian. Kajian menggunakan analisis bivariat dengan kaedah korelasi Pearson untuk menguji hipotesis-hipotesis yang berkaitan dengan hubungan antara dua pembolehubah.

Kesimpulannya, pemilihan metodologi yang sesuai sangat penting untuk menghasilkan dapatan kajian yang jelas, tepat dan saintifik. Bab seterusnya akan membincangkan hasil keputusan yang diperolehi menerusi tadbiran soal selidik.

BAB 4

DAPATAN KAJIAN

4.1   Pengenalan

Bahagian ini memfokuskan perbincangan terhadap keputusan hasil kajian dari persoalan kajian dan hipotesis kajian yang dikemukakan. Perbincangan hasil analisis ini dibahagikan kepada dua bahagian. Bahagian pertama membincangkan hasil analisis deskriptif iaitu berdasarkan taburan kekerapan, peratus dan nilai min. Bahagian kedua pula membincangkan hasil analisis secara inferensi iaitu ujian-t, Anova satu hala dan Korelasi Pearson. Keputusan kajian dijelaskan dalam bentuk jadual beserta penerangan yang sewajarnya. Analisis kajian dalam bab empat ini meliputi analisis deskriptif dan analsis inferensi bagi data-data yang diperolehi dari instrumen yang digunakan dalam kajian ini yang meliputi Bahagian A, Bahagian B dan Bahagian C seperti di bawah :

(i).   Analisis Deskriptif Bahagian A (Maklumat Diri), Bahagian B (Instrumen Kecerdasan Emosi) dan Bahagian C (Instrumen Kecekapan Kemahiran Dan Perkembangan Personal).

- Analisis Deskriptif Maklumat Diri.
- Analisis Deskriptif Tahap Kecerdasan Emosi.

■ Rumusan Analisis Deskriptif Tahap Kecerdasan Emosi.

■ Analisis Deskriptif Tahap Kecekapan Kemahiran Dan Perkembangan Personal.

■ Rumusan Analisis Deskriptif Tahap Kecekapan Kemahiran Dan Perkembangan Personal.

(ii).   Analisis Inferensi Bahagian A (Maklumat Diri), Bahagian B (Instrumen Kecerdasan Emosi) Dan Bahagian C (Instrumen Kecekapan Kemahiran Dan Perkembangan Personal)

■ Analisis Inferensi Perbezaan Tahap Kecerdasan Emosi Mengikut Demografi (Jantina, Lokasi Sekolah, Gred Perjawatan dan Tempoh Berkhidmat).

■ Analisis Inferensi Hubungan Kecerdasan Emosi Dengan Kecekapan Kemahiran.

■ Analisis Inferensi Hubungan Kecerdasan Emosi Dengan Perkembangan Personal.

4.2   Analisis Deskriptif Maklumat Diri

Bahagian ini membincangkan hasil analisis bagi setiap faktor demografi responden.   Daripada keputusan analisis, kita akan mengetahui dengan lebih mendalam mengenai maklumat diri responden berdasarkan faktor demografi yang meliputi aspek jantina, lokasi sekolah, gred perjawatan dan tempoh pengalaman berkhidmat responden kajian.   Analisis dibuat berdasarkan taburan kekerapan, peratusan dan min yang diperolehi bagi setiap faktor demografi yang ditetapkan.

4.2.1 Taburan Responden Mengikut Jantina

Jadual 4.1 : Taburan kekerapan responden mengikut jantina

Pernyataan	Kekerapan	Peratus (%)
Lelaki	14	26.9%
Perempuan	38	73.1%
Jumlah	**52**	**100%**

Jadual 4.1 menunjukkan taburan responden mengikut jantina. Didapati majoriti responden kajian adalah terdiri dari kaum perempuan iaitu seramai 38 orang (73.1%) manakala selebihnya iaitu seramai 14 orang (26.9%) adalah terdiri daripada responden lelaki. Keputusan ini memperlihatkan bahawa guru kaunseling perempuan di daerah Kulaijaya adalah lebih ramai berbanding guru kaunseling lelaki.

4.2.2 Taburan Responden Mengikut Lokasi Sekolah

Jadual 4.2 : Taburan kekerapan responden mengikut lokasi sekolah

Pernyataan	Kekerapan	Peratus (%)
Bandar	38	73.1%
Luar Bandar	14	26.9%
Jumlah	**52**	**100%**

Jadual 4.2 menunjukkan taburan kekerapan dan peratusan responden mengikut lokasi sekolah iaitu samada yang berkhidmat di dalam kawasan bandar ataupun di luar bandar. Didapati seramai 38 orang responden (73.1%) memberi khidmat di sekolah-sekolah kawasan bandar manakala seramai 14 orang (26.9%) responden menjadi guru kaunseling di kawasan luar bandar. Keputusan ini memperlihatkan bahawa lebih banyak sekolah menengah di daerah Kulaijaya

terletak di kawasan bandar. Oleh itu, dari analisis yang dijalankan mendapati lebih ramai guru kaunseling daerah Kulaijaya memberi khidmat di kawasan bandar berbanding guru kawasan luar bandar.

4.2.3 Taburan Responden Mengikut Gred Perjawatan

Jadual 4.3 : Taburan kekerapan responden mengikut gred perjawatan

Pernyataan	Kekerapan	Peratus (%)
DG 41	39	75.0%
DG 44	13	25%
Jumlah	52	100%

Jadual 4.3 menunjukkan taburan kekerapan dan peratusan mengikut gred perjawatan responden. Analisis kajian mendapati seramai 39 orang responden kajian (75%) adalah terdiri daripada guru-guru kaunseling yang menyandang gred perjawatan DG 41 manakala hanya seramai 13 orang (25%) daripada responden adalah dari gred DG 44. Keputusan ini menunjukkan bahawa tiga perempat dari guru-guru kaunseling di daerah Kulaijaya adalah terdiri daripada guru-guru yang menyandang gred gred DG 41.

4.2.4 Taburan Responden Mengikut Tempoh Perkhidmatan

Jadual 4.4 : Taburan kekerapan responden mengikut tempoh perkhidmatan

Pernyataan	Kekerapan	Peratus (%)
0 hingga 5 tahun	22	43.3%
6 hingga 10 tahun	21	40.4%
11 – 15 tahun	4	7.7%
16 hingga 20 tahun	5	9.6%
Jumlah	52	100%

Berdasarkan jadual 4.4, didapati bahawa seramai 22 orang responden (43.3%) telah khidmat antara 0 hingga 5 tahun, seramai 21 orang (40.4%) responden berpengalaman berkhidmat selama 6 hingga 10 tahun, manakala seramai 4 orang responden (7.7%) telah berkhidmat selama 11 – 15 tahun dan selebihnya iaitu seramai 5 orang responden (9.6%) berpengalaman berkhidmat selama antara 16 – 20 tahun. Keputusan ini memperlihatkan bahawa hampir separuh daripada responden kajian iaitu sebanyak 43.3% daripada guru-guru kaunseling daerah Kulaijaya adalah terdiri daripada guru-guru baru yang mempunyai pengalaman berkhidmat kurang dari 5 tahun berbanding sebanyak 56.7% guru-guru kaunseling yang telah lama berkhidmat iaitu antara 6 tahun hingga 20 tahun pengalaman perkhidmatan.

4.3   Analisis Tahap Kecerdasan Emosi

Bahagian ini membincangkan hasil analisis bagi setiap item kecerdasan emosi responden. Daripada keputusan analisis kita akan mengetahui tahap kecerdasan emosi di kalangan guru-guru kaunseling sekolah menengah daerah Kulaijaya, Johor. Analisis dibuat berdasarkan taburan kekerapan, peratusan dan min yang diperolehi bagi setiap item.

4.3.1   Analisis Deskriptif Tahap Kecerdasan Emosi (Kesedaran Kendiri)

Jadual 4.5 : Taburan kekerapan dan peratusan kesedaran kendiri

Item	Pernyataan	Kekerapan dan Peratusan			Min	SP
		TS	TP	S		
1	Sukar memahami perasaan yang ada pada diri saya.	3 5.8%	3 5.8%	46 88.4%	1.90	0.75
2	Menyedari bagaimana	3	0	49	4.15	0.70

	perasaan yang ada pada diri mempengaruhi prestasi kerja saya.	5.8%	0%	94.2%		
3	Tidak menyedari kekuatan dan kelemahan diri saya.	0 0%	4 7.7%	48 92.3%	1.77	0.58
4	Tidak bersedia menerima teguran.	1 1.9%	1 1.9%	50 96.1%	1.77	0.58
5	Bersedia mengatakan sesuatu yang benar walaupun perkara tersebut tidak dipersetujui ramai.	3 5.7%	7 13.5%	42 80.8%	4.08	0.90
6	Kurang berusaha untuk meningkatkan diri sendiri.	3 5.7%	1 1.9%	48 92.4%	1.67	0.79
7	Dapat menampilkan diri dengan penuh keyakinan.	1 1.9%	3 5.8%	48 92.3%	4.31	0.67
8	Berusaha melindungi masalah untuk menampilkan diri dengan penuh keyakinan.	9 17.3%	5 9.6%	38 73.1%	3.71	1.00
9	Tidak berupaya menghadapi tekanan dengan tenang.	2 3.8%	4 7.7%	46 88.4%	2.04	0.59
10	Sukar mengakui kesilapan diri.	5 9.6%	2 3.8%	45 86.6%	2.10	0.75
Purata					**2.75**	**0.73**

Jadual 4.5 menunjukkan taburan kekerapan responden mengikut kesedaran kendiri. Secara keseluruhannya, didapati responden menunjukkan maklumbalas yang baik terhadap semua item kesedaran kendiri dengan aras persetujuan yang tinggi iaitu melebihi 80.0% kecuali bagi item 8 yang mendapat hanya 73.1% persetujuan dari responden untuk pernyataan "Berusaha melindungi masalah untuk menampilkan diri dengan penuh keyakinan."

Dari analisis data juga didapati nilai min setiap pernyataan adalah diantara 1.67 hingga 4.31. Item 7 mempunyai nilai min tertinggi iaitu 4.31, diikuti oleh item 2 dan 5 dengan nilai min masing-masing 4.15 dan 4.08. Manakala bagi item 6 mencatatkan nilai min terendah, diikuti dengan item 3 dan 4 yang masing-masing mempunyai nilai min 1.77. Min keseluruhan item kecerdasan emosi bagi subskala kesedaran kendiri ialah 2.75. Ini menunjukkan bahawa kesedaran kendiri responden kajian adalah ditahap yang sederhana.

4.3.2 Analisis Deskriptif Tahap Kecerdasan Emosi (Pengawalan Kendiri)

Jadual 4.6 : Taburan kekerapan dan peratusan pengawalan kendiri

Item	Pernyataan	Kekerapan dan Peratusan			Min	SP
		TS	TP	S		
11	Sukar menahan perasaan yang menekan.	6 11.5%	5 9.6%	41 78.9%	2.27	0.74
12	Sukar mengakui kesilapan yang telah dilakukan.	0 0%	1 1.9%	51 98.0%	1.83	0.43
13	Sukar memenuhi janji-janji yang telah dibuat.	2 3.8%	3 5.7%	47 90.4%	2.00	0.69

14	Bertanggungjawab dalam pencapaian objektif yang saya telah tetapkan.	0 0%	1 1.9%	51 98.0%	4.35	0.52
15	Saya mengalami kesukaran untuk bekerja secara tersusun dan selamat.	5 9.6%	5 9.6%	42 80.8%	2.12	0.81
16	Sentiasa mencari idea-idea baru dari pelbagai sumber yang ada dengan pelbagai cara.	1 1.9%	2 3.8%	49 94.2%	4.37	0.66
17	Berusaha untuk mendapatkan penyelesaian terhadap masalah yang dihadapi.	0 0%	0 0%	52 100%	4.40	0.50
18	Tidak bersedia untuk mengambil risiko.	2 3.8%	1 1.9%	49 94.2%	1.94	0.57
19	Sentiasa bersedia untuk menghadapi perubahan yang berlaku dengan pantas dan drastik.	1 1.9%	7 13.5%	44 84.6%	4.13	0.71
20	Sukar untuk membuat penyesuaian diri dengan persekitaran yang ada.	4 7.7%	1 1.9%	47 90.3%	1.81	0.82
Purata					**2.92**	**0.65**

Jadual 4.6 menunjukkan taburan kekerapan mengikut pengawalan kendiri. Hasil analisis menunjukkan bahawa seramai 52 orang iaitu 100% responden bersetuju dengan pernyataan item 17 iaitu "Berusaha mendapatkan penyelesaian terhadap masalah yang dihadapi". Maklumbalas yang baik juga diperolehi bagi item 12 dan 14 dengan persetujuan dari seramai 51 orang responden iaitu sebanyak 98%. Secara keseluruhannya, didapati responden menunjukkan maklumbalas yang baik terhadap semua item dengan aras persetujuan yang tinggi iaitu melebihi 80% kecuali bagi item 11.

Daripada analisis data juga didapati nilai min setiap pernyataan adalah diantara 1.83 hingga 4.40. Item 17 mempunyai nilai min tertinggi iaitu 4.40, diikuti oleh item 14 dan 16 dengan nilai min masing-masing 4.35 dan 4.37. Manakala bagi item 12 mencatatkan nilai min terendah iaitu 1.83, diikuti dengan item 13 dan 15 yang masing-masing mempunyai nilai min 2.00 dan 2.12.

Min keseluruhan item kecerdasan emosi bagi subskala pengawalan kendiri ialah 2.92. Rentetan dari itu dapatlah dirumuskan bahawa responden yang terlibat dalam kajian ini mempunyai tahap pengawalan kendiri yang sederhana. Ini menunjukkan bahawa guru-guru kaunseling daerah Kulaijaya, Johor masih belum mencapai tahap pengawalan emosi kendiri yang tinggi yang seharusnya menjadi identiti seorang guru kaunseling dalam usaha untuk meningkatkan kualiti profesionalisme guru kaunseling.

4.3.3 Analisis Deskriptif Tahap Kecerdasan Emosi (Motivasi Kendiri)

Jadual 4.7 : Taburan kekerapan dan peratusan motivasi kendiri

Item	Pernyataan	Kekerapan dan Peratusan			Min	SP
		TS	TP	S		
21	Tidak bersedia menghadapi risiko terancang.	2 3.8%	6 11.5%	44 84.6%	2.04	0.66
22	Berusaha bersungguh-sungguh untuk mencapai matlamat yang ditetapkan.	0 0%	0 0%	52 100%	4.46	0.50
23	. Berusaha mencari maklumat untuk memperbaiki cara bekerja	0 0%	0 0%	52 100%	4.46	0.50
24	Tidak bersedia mengorbankan kepentingan diri sendiri untuk kepentingan kumpulan.	1 1.9%	3 5.7%	48 92.3%	1.96	0.63
25	Menjadikan nilai teras kumpulan sebagai asas pilihan dan pembuat keputusan.	0 0%	2 3.8%	50 96.1%	4.23	0.51
26	Berusaha untuk mencari peluang bagi mencapai matlamat kumpulan.	1 1.9%	0 0%	51 98.1%	4.19	0.53
27	Berusaha mencapai sesuatu yang lebih dari yang diharap-harapkan.	1 1.9%	1 1.9%	50 96.1%	4.21	0.57

28	Tetap berusaha walaupun berhadapan dengan halangan dan kepayahan.	0 0%	0 0%	52 100%	4.37	0.49
29	Takut menghadapi kegagalan.	5 9.6%	3 5.7%	44 84.6%	1.94	0.87
30	Kegagalan merupakan keadaan yang boleh dikawal dan bukannya kelemahan diri.	1 1.9%	3 5.7%	48 92.3%	4.13	0.60
	Purata				**3.60**	**0.59**

Jadual 4.7 menunjukkan taburan kekerapan responden mengikut motivasi kendiri. Jika diperhatikan secara keseluruhan taburan pernyataan ini, 100% pernyataan mendapat maklumbalas yang sangat positif. Maklumbalas yang baik juga diperolehi bagi semua item motivasi kendiri dengan aras persetujuan yang tinggi iaitu melebihi 90% kecuali bagi item 21 dan 29. Rentetan dari itu, nilai min bagi semua pernyataa adalah tinggi iaitu antara 1.94 hingga 4.46. Item 22 dan 23 mempunyai nilai min tertinggi iaitu 4.46, diikuti oleh item 25 dan 28 dengan nilai min masing-masing 4.23 dan 4.37.

Item 29 mencatatkan nilai min terendah iaitu 1.94. Item 29 menunjukkan bahawa seramai 44 orang guru kaunseling tidak bersetuju dengan pernyataan yang menyatakan mereka takut menghadapi kegagalan, 3 orang guru menyatakan mereka tidak pasti dan 5 orang guru pula bersetuju dengan pernyataan ini.

Hasil analisis menunjukkan bahawa seramai 52 orang iaitu 100% responden bersetuju dengan pernyataan bagi item 22 iaitu "Berusaha bersungguh-sungguh untuk mencapai matlamat yang ditetapkan". Bagi item 23 juga mendapat 100% persetujuan responden terhadap pernyataan "Berusaha mencari maklumat untuk memperbaiki cara bekerja". Begitu juga bagi item 28, seramai 51 orang iaitu 100%

responden memberi maklumbalas yang baik bagi pernyataan "Tetap berusaha walaupun berhadapan dengan halangan dan kepayahan".

Min keseluruhan item kecerdasan emosi bagi subskala motivasi kendiri ialah 3.60. Ini menunjukkan bahawa keupayaan untuk memotivasikan diri sendiri atau motivasi kendiri di kalangan guru-guru kaunseling daerah Kulaijaya, Johor yang dipilih sebagai responden kajian berada ditahap yang sederhana.

4.3.4 Analisis Deskriptif Tahap Kecerdasan Emosi (Empati)

Jadual 4.8 : Taburan kekerapan dan peratusan empati

Item	Pernyataan	Kekerapan dan Peratusan			Min	SP
		TS	TP	S		
31	Memberi perhatian kepada tanda-tanda emosi.	3 5.7%	1 1.9%	48 92.3%	4.10	0.69
32	Sensitif dan memahami pandangan orang lain.	0 0%	0 0%	52 100%	4.33	0.47
33	Berusaha untuk mengenalpasti pekerja yang memberi sumbangan besar dalam tugas serta memberi pujian.	0 0%	4 7.7%	48 92.3%	4.27	0.60
34	Percaya bahawa sesi kaunseling dengan pekerja hanya membuang masa.	3 5.7%	0 0%	49 94.2%	1.56	0.98

35	Mendengar pelbagai pendapat sebelum membuat keputusan.	1 1.9%	1 1.9%	50 96.2%	4.25	0.68
36	Suka berbincang berkaitan isi-isu penting kumpulan.	1 1.9%	2 3.8%	49 94.2%	4.21	0.61
37	Berkomunikasi dengan ahli kumpulan bagi mendapatkan maklumat tentang kebajikan mereka.	0 0%	2 3.8%	50 96.1%	4.31	0.54
38	Berpendapat hubungan dengan golongan bawahan hanya membuang masa dan tidak patut dipentingkan.	3 5.7%	0 0%	49 94.3%	1.58	0.85
39	Hanya mempercayai sumber maklumat yang boleh dipercayai.	11 21.1%	6 11.5%	35 67.3%	3.44	0.94
40	Mempersoal semula pendapat yang bercanggah.	3 5.7%	4 7.7%	35 67.3%	3.92	0.74
PURATA					**3.60**	**0.71**

Jadual 4.8 menunjukkan taburan kekerapan responden mengikut subskala empati. Peratusan yang diperolehi bagi taburan pernyataan ini secara keseluruhannya menunjukkan maklumbalas responden yang bersetuju dengan kesemua item adalah melebihi 60%. Item 32 mempunyai nilai min tertinggi (4.32) di mana seramai 52 orang iaitu 100% maklumbalas responden bersetuju bahawa mereka sensitif pada perasaan dan memahami pandangan orang lain. Begitu juga bagi item 37 dengan nilai min 4.31. Pernyataan item 37 mendapat maklumbalas positif iaitu seramai 50 orang responden (96.1%) bersetuju bahawa mereka perlu

berkomunikasi dengan ahli kumpulan bagi mendapatkan maklumat tentang kebajikan mereka. Manakala item 35 pula dengan nilai min 4.25 mendapati sebanyak 96.2% maklumbalas bersetuju mereka perlu mendengar pelbagai pendapat sebelum membuat keputusan.

Daripada analisis data juga didapati nilai min setiap pernyataan adalah diantara 1.56 hingga 4.33. Item 32 memperolehi nilai min tertinggi iaitu 4.33, diikuti oleh item 37 dan 33 dengan nilai min masing-masing 4.31 dan 4.27. Manakala bagi item 34 mencatatkan nilai min terendah iaitu 1.56.

Min keseluruhan item kecerdasan emosi bagi subskala mengenai emosi kendiri ialah 3.60. Berdasarkan kepada min keseluruhan iaitu 3.60, maka dapat disimpulkan bahawa responden kajian yang terdiri daripada guru-guru kaunseling daerah Kulaijaya, Johor mempunyai tahap keupayaan berempati ditahap yang sederhana.

4.3.5 Analisis Deskriptif Tahap Kecerdasan Emosi (Kemahiran Sosial)

Jadual 4.9 : Taburan kekerapan dan peratusan kemahiran sosial

Item	Pernyataan	Kekerapan dan Peratusan			Min	SP
		TS	TP	S		
41	Mendengar semua pandangan dan pertimbangkannya sebelum menetapkan sesuatu peraturan.	0 0%	2 3.8%	50 96.2%	4.21	0.50
42	Kerap memberi pandangan dalam apa jua perbincangan.	1 1.9%	6 11.5%	45 86.6%	4.06	0.64
43	Akan membincangkan dengan pihak-pihak berkonflik untuk mendapat jalan penyelesaian.	2 3.8%	3 5.8%	47 90.4%	4.02	0.61

44	Mententeramkan diri sebelum berbincang dengan pihak yang berkonflik.	0 0%	2 3.8%	50 96.1%	4.23	0.51
45	Berunding sehingga mencapai *win win situation* (keadaan menang-menang)	0 0%	3 5.8%	49 94.2%	4.31	0.58
46	Bertanggungjawab untuk membimbing dan menentukan objektif kumpulan.	0 0%	2 3.8%	50 96.1%	4.23	0.51
47	Mempraktikkan apa yang sudah dikatakan atau dicadangkan.	0 0%	0 0%	52 100%	4.37	0.49
48	Bertindak mengikut cara yang diharapkan akan diikuti oleh orang lain.	3 5.7%	8 15.4%	41 78.9%	3.94	0.78
49	Bersabar dalam menyakinkan individu lain mengenai faedah dan perubahan yang akan dilakukan.	0 0%	2 3.8%	50 96.1%	4.23	0.51
50	Berusaha mengingat nama semua kenalan baru pada kali pertama bertemu agar senang berhubung dengan mereka di masa hadapan.	2 3.8%	1 1.9%	49 94.2%	4.27	0.69
Purata					**4.19**	**0.59**

Jadual 4.9 menunjukkan taburan kekerapan responden mengikut kemahiran sosial. Peratusan yang diperolehi bagi taburan pernyataan ini secara keseluruhannya menunjukkan maklumbalas responden yang bersetuju dengan kesemua item melebihi 70%. Hasil analisis menunjukkan bahawa seramai 52 orang iaitu 100% responden bersetuju dengan pernyataan item 47 iaitu mereka dapat mempraktikkan apa yang sudah dikatakan atau dicadangkan. Begitu juga bagi item 45 dengan nilai min 4.31, mendapati sebanyak 94.2% maklumbalas responden bersetuju untuk berunding sehingga mencapai *win win situation* (keadaan menang-menang). Secara keseluruhannya, didapati responden menunjukkan maklumbalas yang baik terhadap semua item dengan aras persetujuan yang tinggi iaitu melebihi 80% kecuali bagi item 48.

Daripada analisis data juga didapati nilai min setiap pernyataan adalah diantara 3.94 hingga 4.37. Item 47 mempunyai nilai min tertinggi iaitu 4.37, diikuti oleh item 45 dan 50 dengan nilai min masing-masing 4.31 dan 4.27. Manakala bagi item 48 mencatatkan nilai min terendah iaitu 3.94.

Min keseluruhan item kecerdasan emosi bagi subskala kemahiran sosial adalah 4.19. Rentetan dari itu dapatlah dirumuskan bahawa responden yang terlibat dalam kajian ini mempunyai tahap pengguasaan kemahiran sosial ditahap yang tinggi. Ini menunjukkan bahawa guru-guru kaunseling daerah Kulaijaya, Johor memiliki tahap pengguasaan kemahiran sosial yang tinggi selaras dengan keperluan sebagai seorang guru kaunseling yang seharusnya mahir dalam mengendalikan hubungan yang berkesan dengan orang lain.

4.3.6 Rumusan Analisis Deskriptif Tahap Kecerdasan Emosi

Jadual 4.10 : Rumusan Analisis Tahap Kecerdasan Emosi

Konstruk	Kategori	Min	Tahap
Kecerdasan Emosi	Mengenal emosi kendiri	2.75	Sederhana
	Mengawal emosi kendiri	2.92	Sederhana
	Motivasi kendiri	3.60	Sederhana
	Empati	3.60	Sederhana
	Kemahiran sosial	4.19	Tinggi
	Purata	**3.41**	**Sederhana**

Dapatan analisis yang ditunjukkan dalam jadual 4.10 mendapati responden kajian yang terdiri dari guru-guru kaunseling mempunyai tahap kecerdasan emosi yang sederhana. Jika dilihat pada 5 kategori kecerdasan emosi seperti yang terdapat dalam jadual di atas, didapati nilai min bagi 4 kategori kecerdasan emosi iaitu keupayaan mengenal emosi kendiri, keupayaan mengawal emosi kendiri, motivasi kendiri dan empati adalah ditahap sederhana dengan nilai min masing-masing adalah 2.75, 2.92, 3.60 dan 3.60.   Hanya satu kategori kecerdasan emosi guru-guru kaunseling iaitu kemahiran sosial berada pada tahap yang tinggi dengan nilai min 4.19.   Dapatan analisis keputusan secara keseluruhan menunjukkan bahawa tahap kecerdasan emosi guru-guru kaunseling daerah Kulaijaya, Johor berada pada tahap sederhana dengan nilai min 3.41.

4.4 **Analisis Inferensi Perbezaan Tahap Kecerdasan Emosi Mengikut Demografi**

Soalan kajian pertama adalah untuk mengkaji perbezaan tahap kecerdasan emosi secara keseluruhannya mengikut faktor demografi. Untuk menjawab soalan kajian ini, hipotesis nol 1 dikemukan dan diuji.

<u>Hipotesis nol 1</u>

Tidak terdapat perbezaan yang signifikan antara tahap kecerdasan emosi (kesedaran kendiri, pengawalan kendiri, motivasi kendiri, empati dan kemahiran sosial) mengikut faktor demografi guru-guru kaunseling sekolah menengah di daerah Kulajaya, Johor.

Sebanyak empat hipotesis dibentuk berdasarkan Hipotesis nol 1. Kesemua hipotesis tersebut adalah berkaitan dengan perbezaan tahap kecerdasan emosi mengikut faktor demografi. Analisis Ujian-t dan Anova Satu Hala digunakan untuk menguji empat hipotesis nol (Hipotesis nol 1.1 hingga Hipotesis nol 1.4).

4.4.1 Perbezaan Tahap Kecerdasan Emosi Mengikut Jantina

<u>Hipotesis nol 1.1</u>

Tidak terdapat perbezaan yang signifikan antara tahap kecerdasan emosi (kesedaran kendiri, pengawalan kendiri, motivasi kendiri, empati dan kemahiran sosial) mengikut jantina guru kaunseling sekolah menengah di daerah Kulaijaya.

Ujian-t digunakan untuk menguji sama ada wujud perbezaan dari segi tahap kecerdasan emosi di kalangan guru kaunseling lelaki dan perempuan. Hasil analisis ditunjukkan seperti dalam jadual 4.11.

Jadual 4.11 : Analisis Perbezaan Tahap Kecerdasan Emosi Mengikut Jantina

Jantina (n=52)	Min	Ujian-t	p
Lelaki (n=14)	170.64	0.05	0.85
Perempuan (n=38)	170.50		

* Signifikan pada aras keertian 0.05

Jadual 4.11 mendapati keputusan Ujian-t menunjukkan tidak terdapat perbezaan yang signifikan tahap kecerdasan emosi antara guru lelaki dan perempuan. Nilai signifikan yang diperolehi adalah p = 0.85 □ α 0.05 lebih besar dari aras signifikan yang ditetapkan iaitu 0.05, maka Hipotesis nol 1.1 adalah diterima.

4.4.2 Analisis Perbezaan Tahap Kecerdasan Emosi Mengikut Lokasi Sekolah

Hipotesis nol 1.2

Tidak terdapat perbezaan yang signifikan antara tahap kecerdasan emosi (kesedaran kendiri, pengawalan kendiri, motivasi kendiri, empati dan kemahiran sosial) mengikut lokasi sekolah guru-guru kaunseling sekolah menengah di daerah Kulaijaya, Johor.

Hipotesis nol 1.2 dibina untuk melihat perbezaan tahap kecerdasan emosi guru kaunseling mengikut lokasi sekolah. Data yang diperolehi dianalisis menggunakan Ujian-t. Hasil kajian yang diperolehi ditunjukkan dalam jadual 4.12.

Jadual 4.12 : Analisis Perbezaan Tahap Kecerdasan Emosi Mengikut Lokasi Sekolah

Lokasi Sekolah (n=52)	Min	Ujian-t	p
Bandar (n=38)	169.52	-1.388	0.171
Luar Bandar (n=14)	173.29		

* Signifikan pada aras keertian 0.05

Jadual 4.12 mendapati nilai signifikan yang diperolehi adalah p = 0.171 ☐ α 0.05 lebih besar dari aras signifikan yang ditetapkan pada 0.05. Hasil analisis ini menunjukkan tidak terdapat perbezaan yang signifikan tahap kecerdasan emosi antara guru-guru kaunseling yang berkhidmat di bandar dengan mereka yang berkhidmat di luar bandar. Oleh itu, Hipotesis nol 1.2 adalah diterima.

4.4.3 Analisis Perbezaan Tahap Kecerdasan Emosi Mengikut Gred Perjawatan

Hipotesis nol 1.3

Tidak terdapat perbezaan yang signifikan antara tahap kecerdasan emosi (kesedaran kendiri, pengawalan kendiri, motivasi kendiri, empati dan kemahiran sosial) mengikut gred perjawatan guru-guru kaunseling sekolah menengah di daerah Kulaijaya, Johor.

Hipotesis nol 1.3 dibina untuk melihat perbezaan tahap kecerdasan emosi guru kaunseling mengikut gred perjawatan yang dianalisis menggunakan kaedah Ujian-t. Hasil kajian yang diperolehi ditunjukkan seperti dalam jadual 4.13.

Jadual 4.13 : Analisis Ujian-T Menunjukkan Perbezaan Tahap Kecerdasan Emosi Mengikut Gred Perjawatan

Gred Perjawatan (n=52)	Min	Ujian-t	p
DG 41 (n=39)	170.64	-3.526	0.001
DG 44 (n=13)	170.50		

* Signifikan pada aras keertian 0.05

Jadual 4.13 menunjukkan keputusan kajian perbandingan tahap kecerdasan emosi mengikut gred perjawatan guru-guru dengan nilai signifikan yang diperolehi adalah p = 0.001 $\square$ α 0.05 lebih kecil dari aras signifikan yang ditetapkan iaitu 0.05. Dapatan analisis ini menunjukkan terdapat perbezaan yang signifikan tahap kecerdasan emosi antara guru yang menyandang gred perjawatan DG 41 dengan DG 44 maka, Hipotesis nol 1.3 adalah ditolak.

4.4.4 Analisis Perbezaan Tahap Kecerdasan Emosi Mengikut Tempoh Perkhidmatan

Hipotesis nol 1.4

Tidak terdapat perbezaan yang signifikan antara tahap kecerdasan emosi (kesedaran kendiri, pengawalan kendiri, motivasi kendiri, empati dan kemahiran sosial) mengikut tempoh perkhidmatan guru-guru kaunseling sekolah menengah di daerah Kulaijaya, Johor.

Hipotesis nol 1.4 dibina untuk melihat perbezaan tahap kecerdasan emosi guru kaunseling berdasarkan tempoh perkhidmatan guru-guru kaunseling. Data yang diperolehi dianalisis menggunakan kaedah Anova satu hala. Hasil kajian yang diperolehi ditunjukkan seperti dalam jadual 4.14.

Jadual 4.14 : Analisis anova satu hala menunjukkan perbezaan tahap kecerdasan emosi berdasarkan tempoh perkhidmatan

Tempoh Perkhidmatan (n=52)	Kekerapan	Min	Sisihan Piawai
1 – 5 tahun	22	166.13	5.26
6 – 10 tahun	21	170.80	2.03
11- 15 tahun	4	179.25	1.03
16-20 tahun	5	181.80	3.15
Jumlah	52	170.53	8.74
Anova (Sehala)	**Df**	**Nisbah**	**Sig**

		F	p
Antara kumpulan	3	0.8624	0.00
Dalam kumpulan	48		
Jumlah	52		

* Signifikan pada aras keertian 0.05

Jadual 4.14 menunjukkan keputusan kajian perbandingan tahap kecerdasan emosi berdasarkan tempoh perkhidmatan guru-guru kaunseling. Berdasarkan jadual keputusan Anova satu hala, nilai signifikan yang diperolehi adalah p = 0.00 □ α 0.05 lebih kecil berbanding dengan aras signifikan yang ditetapkan iaitu 0.05. Hasil analisis ini menunjukkan terdapat perbezaan yang signifikan tahap kecerdasan emosi antara guru-guru kaunseling yang baru berkhidmat berbanding dengan guru-guru yang telah lama berkhidmat. Oleh itu, Hipotesis nol 1.4 adalah ditolak.

4.4.5 Rumusan Analisis Perbezaan Tahap Kecerdasan Emosi Mengikut Demografi (Jantina, Gred Perjawatan, Lokasi Sekolah Dan Tempoh Perkhidmatan)

Jadual 4.15 : Rumusan analisis perbezaan tahap kecerdasan emosi mengikut demografi

Tahap Kecerdasan Emosi	p	Keputusan
Jantina	0.959	Tidak terdapat perbezaan
Lokasi Sekolah	0.171	Tidak terdapat perbezaan
Gred Perjawatan	0.001	Terdapat perbezaan
Tempoh Perkhidmatan	0.000	Terdapat perbezaan

Jadual 4.15 di atas menunjukkan keputusan analisis perbezaan tahap kecerdasan emosi mengikut demografi responden kajian. Secara keseluruhannya dapatan analisis menunjukkan bahawa tidak terdapat perbezaan yang signifikan tahap kecerdasan emosi berdasarkan jantina responden dan lokasi sekolah tempat responden berkhidmat. Manakala wujud perbezaan yang signifikan tahap

kecerdasan emosi berdasarkan faktor gred perjawatan guru kaunseling dan juga tempoh pengalaman perkhidmatan.

4.5   Analisis Tahap Kecekapan Kemahiran Dan Perkembangan Personal Kaunseling

4.5.1   Analisis Deskriptif Tahap Perkembangan Personal (Sensitiviti Emosi)

Jadual 4.16 : Taburan kekerapan dan peratusan tahap Perkembangan Personal (Sensitiviti Emosi)

Item	Pernyataan	Kekerapan dan Peratusan			Min	SP
		L	S	C		
1.	Berkebolehan untuk berkomunikasi secara terus dan telus ketika berinteraksi dengan klien.	3 5.8%	6 11.4%	46 88.4%	5.10	0.80
2.	Menggunakan kemahiran memberi penjelasan ketika bertindak balas ke atas kenyataan klien.	1 1.9%	14 26.9%	38 73.0%	4.90	0.72
3.	Sedar mengenai emosi sendiri, ketika berinteraksi dan berkomunikasi dengan klien.	0 0%	14 26.9%	38 73.1%	4.98	0.73
4.	Merasakan terdapat kesesuaian (congruence) peribadi antara pertuturan dan pergerakan ketika bersama	1 1.9%	17 32.7%	35 67.3%	5.00	0.86

	klien.					
5.	Peka kepada sensitiviti emosi (empati, bukan simpatai terhadap kenyataan klien mengenai perasaan, masalah, isu, konflik, situasi hidup dan sebagainya).	2 3.8%	14 26.9%	38 73.1%	5.00	0.84
20.	Menggunakan kemahiran pendedahan kendiri dalam reaksinya terhadap kenyataan klien.	5 9.6%	18 34.6%	33 63.4%	4.69	0.96
Purata					**4.95**	**0.82**

Jadual 4.16 menunjukkan taburan kekerapan responden mengikut perkembangan personal dari segi Sensitiviti Emosi. Secara keseluruhannya didapati responden memberikan maklumbalas yang baik bagi setiap item sensitiviti emosi iaitu dengan peratusan melebihi 70.0%. Nilai min tertinggi yang diperolehi adalah 5.10 dengan seramai 46 orang iaitu sebanyak 84.6% memberikan pandangan yang positif bagi item 1 yang menyatakan kebolehan guru kaunseling untuk berkomunikasi secara terus dan telus ketika berinteraksi dengan klien. Manakala nilai min terendah adalah 4.69 bagi item 20 yang menunjukkan seramai 33 orang iaitu 63.4% responden memberikan maklumbalas positif terhadap pernyataan "Menggunakan kemahiran pendedahan kendiri dalam reaksinya terhadap kenyataan klien".

Secara keseluruhannya didapati responden memberikan maklumbalas yang baik bagi setiap item sensitiviti emosi iaitu dengan peratusan melebihi 60.0%. Min keseluruhan item perkembangan personal bagi kategori sensitiviti emosi asas mendengar adalah 4.92. Rentetan dari itu dapatlah dirumuskan bahawa responden yang terlibat dalam kajian ini mempunyai tahap pengguasaan sensitiviti emosi yang tinggi bersesuaian dengan tugas dan peranan mereka sebagai guru kaunseling sekolah.

4.5.2 Analisis Deskriptif Tahap Perkembangan Personal (Kemahiran Silang Budaya)

Jadual 4.17: Taburan kekerapan dan peratusan tahap Perkembangan Personal (Kemahiran Silang Budaya)

Item	Pernyataan	Kekerapan dan Peratusan			Min	SP
		L	S	C		
8.	Sedar terhadap kekuatan dan kelemahan kendiri ketika berinteraksi dengan klien.	0 0%	12 23.1%	40 76.9%	4.94	0.70
12.	Bersikap toleransi terhadap perbezaan perspektif antara mereka (sama ada dari segi budaya, sosioekonomi, jantina, kecenderungan seksual, bangsa, agama, etnik dan sebagainya) dan menerima perbezaan perspektif terhadap luahan klien.	0 0%	16 30.7%	36 69.2%	4.92	0.79
14.	Sedar terhadap kepercayaan, perasaan dan tingkahlaku yang bersifat seksual, perkauman, tahap umur dan sebagainya ketika berkomunikasi dengan klien.	0 0%	11 21.2%	41 78.8%	5.04	0.68
16.	Sedar akan pengaruh	0	12	40	5.00	0.74

	interpersonal terhadap klien ketika berinteraksi dan berkomunikasi dengan klien.	0%	23.1%	76.9%		
18.	Sedar terhadap kepercayaan umum "general beliefs" anda ketika memberi respons terhadap kenyataan klien.	1 1.9%	16 30.7%	35 67.3%	4.79	0.82
19.	Sedar terhadap perkembangan kendiri dan keluarga beliau sendiri ketika memberi respons terhadap kenyataan klien.	1 1.9%	16 30.8%	35 67.3%	4.73	0.87
	Purata				**4.90**	**0.77**

Jadual 4.17 menunjukkan taburan kekerapan responden mengikut kemahiran silang budaya. Item 12 menunjukkan bahawa seramai 36 orang iaitu sebanyak 69.2% menyatakan keupayaan mereka bersikap toleransi terhadap perbezaan perspektif antara mereka (sama ada dari segi budaya, sosioekonomi, jantina, kecenderungan seksual, bangsa, agama, etnik dan sebagainya) dan menerima perbezaan perspektif terhadap luahan klien. Manakala 16 orang iaitu 30.7% memberikan maklumbalas yang sederhana terhadap pernyataan yang sama.

Secara keseluruhannya didapati responden memberikan maklumbalas yang baik bagi setiap item kemahiran silang budaya iaitu dengan peratusan melebihi 60.0%. Min keseluruhan item kecekapan kepimpinan kaunseling bagi kategori kemahiran silang budaya adalah 4.90. Rentetan dari itu dapatlah dirumuskan bahawa responden yang terlibat dalam kajian ini mempunyai tahap pengguasaan kemahiran silang budaya yang tinggi. Ini menunjukkan bahawa guru-guru kaunseling daerah Kulaijaya, Johor memiliki tahap pengguasaan kemahiran silang budaya yang tinggi bersesuaian dengan masyarakat Malaysia yang berbilang bangsa.

4.5.3 Analisis Deskriptif Tahap Kecekapan Kemahiran (Kemahiran Asas Mendengar)

Jadual 4.18 : Taburan kekerapan dan peratusan tahap Kecekapan Kemahiran (Kemahiran Asas Mendengar)

Item	Pernyataan	Kekerapan dan Peratusan			Min	SP
		L	S	C		
6.	Menggunakan kemahiran membuat parafrasa dan rumusan ketika memberi reaksi terhadap kenyataan klien.	0 0%	14 27.0%	38 73.1%	4.90	0.82
7.	Menggunakan kemahiran memberi maklumbalas ketika bertindakbalas terhadap klien.	0 0%	12 23.1%	40 76.9%	4.92	0.68
9.	Menggunakan kemahiran mendengar dan memerhati ketika bersama klien.	0 0%	4 7.7%	48 92.3%	5.31	0.61
15.	Menggunakan kemahiran menginterpretasi dalam tindakan terhadap klien.	1 1.9%	13 25.0%	38 73.1%	4.94	0.92
Purata					**5.02**	**0.76**

Jadual 4.18 menunjukkan taburan kekerapan responden mengikut kemahiran asas mendengar. Item 9 menunjukkan bahawa majoriti responden iaitu seramai 48

orang (92.3%) menyatakan keupayaan mereka menggunakan kemahiran mendengar dan memerhati ketika bersama klien. Manakala bagi item 6 yang menunjukkan seramai 38 orang iaitu sebanyak 73.1% memberikan maklumbalas positif terhadap pernyataan "Menggunakan kemahiran membuat parafrasa dan rumusan ketika memberi reaksi terhadap kenyataan klien".

Daripada analisis data juga didapati nilai min setiap pernyataan adalah diantara 4.90 hingga 5.31. Item 9 mempunyai nilai min tertinggi iaitu 5.31, manakala bagi item 6 mencatatkan nilai min terendah iaitu 4.90. Min keseluruhan item kecekapan kemahiran bagi kategori kemahiran asas mendengar adalah 5.02. Rentetan dari itu dapatlah dirumuskan bahawa responden yang terlibat dalam kajian ini mempunyai tahap penguasaan kemahiran asas mendengar ditahap yang tinggi. Ini menunjukkan bahawa guru-guru kaunseling daerah Kulaijaya, Johor memiliki tahap penguasaan kemahiran asas mendengar yang tinggi selaras dengan keperluan sebagai seorang guru kaunseling yang efektif.

4.5.4 Analisis Deskriptif Tahap Kecekapan Kepimpinan Kaunseling (Kemahiran Mempengaruhi)

Jadual 4.19 : Taburan kekerapan tahap Kecekapan Kemahiran Dan Perkembangan Personal (Kemahiran Mempengaruhi)

Item	Pernyataan	Kekerapan dan Peratusan			Min	SP
		TS	TP	S		
10.	Memberikan arahan atau saranan ketika memberi respons terhadap kenyataan klien.	3 5.8%	23 44.2%	26 50.0%	4.37	0.93

11.	Menggunakan kemahiran konfrontasi ketika memberi respons kepada klien.	0 0%	8 15.4%	44 84.6%	5.00	0.56
13.	Menggunakan kemahiran menasihati/ memberi maklumat dan pendidikan/ arahan dalam respons terhadap kenyataan klien.	1 1.9%	15 28.8%	36 69.2%	4.79	0.85
17.	Menggunakan kemahiran refleksi terhadap makna dan perasaan ketika memberi respons terhadap kenyataan klien.	1 1.9%	13 25.0%	38 73.0%	4.88	0.78
	Purata				**4.76**	**0.78**

Jadual 4.19 menunjukkan taburan kekerapan responden mengikut kemahiran mempengaruhi. Item 11 menunjukkan bahawa majoriti responden iaitu seramai 44 orang atau sebanyak 84.6% menyatakan keupayaan mereka menggunakan kemahiran konfrontasi ketika memberi respons kepada klien. Manakala bagi item 10 pula menunjukkan seramai 26 orang iaitu sebanyak 50% memberikan maklumbalas positif terhadap pernyataan "Memberikan arahan atau saranan ketika memberi respons terhadap kenyataan klien".

Daripada analisis data didapati nilai min setiap pernyataan adalah diantara 4.37 hingga 5.00. Item 11 mempunyai nilai min tertinggi iaitu 5.00, manakala bagi item 10 pula mencatatkan nilai min terendah iaitu 4.37. Min keseluruhan item kecekapan kemahiran bagi kategori kemahiran asas mendengar adalah 4.76. Rentetan dari itu dapatlah dirumuskan bahawa responden yang terlibat dalam kajian ini yang terdiri dari guru-guru kaunseling mempunyai tahap pengguasaan kemahiran mempengaruhi ditahap yang tinggi.

4.5.5 Rumusan Analisis Deskriptif Tahap Kecekapan Kemahiran Dan Perkembangan Personal

Jadual 4.20 : Rumusan Analisis Deskriptif Tahap Kecekapan Kemahiran Dan Perkembangan Personal

Konstruk	Kategori	Min	Tahap
Kecekapan Kemahiran	Kemahiran Asas Mendengar	5.02	Tinggi
	Kemahiran Mempengaruhi	4.76	Tinggi
	Purata	4.89	Tinggi
Perkembangan Personal	Sensitiviti Emosi	4.95	Tinggi
	Kemahiran Silang Budaya	4.90	Tinggi
	Purata	4.93	Tinggi
Purata Keseluruhan		**4.91**	**Tinggi**

Jadual 4.20 menunjukkan rumusan analisis keputusan tahap kecekapan kemahiran dan perkembangan personal. Dapatan analisis menunjukkan tahap kecekapan kemahiran adalah pada tahap yang tinggi dengan nilai min 4.89. Begitu juga bagi kategori perkembangan personal menunjukkan nilai min 4.93 iaitu berada pada tahap yang tinggi.

Dapatan analisis keputusan secara keseluruhan, menunjukkan bahawa tahap Kecekapan Kemahiran Dan Perkembangan Personal responden kajian adalah berada pada tahap yang tinggi (4.91). Ini membuktikaan bahawa guru-guru kaunseling yang telah dipilih untuk menjadi responden kajian mempunyai tahap penguasaan kecekapan kemahiran dan perkembangan personal yang tinggi.

4.6   Analisis Hubungan Antara Kecerdasan Emosi Dengan Kecekapan Kemahiran Dan Perkembangan Personal Kaunseling

Soalan kajian keempat mengkaji hubungan antara kecerdasan emosi dengan kecekapan kemahiran dan perkembangan personal. Analisis bivariat dengan kaedah ujian korelasi *Pearson (r)* digunakan untuk mendapatkan nilai pekali korelasi hubungan ini.

Bagi menjawab persoalan kajian untuk mengkaji hubungan antara domain-domain kecerdasan emosi dengan kecekapan kemahiran dan perkembangan personal, maka Hipotesis nol 21 dan Hipotesis nol 22 telah dibentuk dan diuji.

4.6.1   Analisis Hubungan Antara Kecerdasan Emosi Dengan Kecekapan Kemahiran

Untuk mengkaji hubungan antara domain-domain kecerdasan emosi dengan kecekapan kemahiran, maka Hipotesis nol 21 dikemukakan dan diuji.

Hipotesis nol 21

Tidak terdapat hubungan yang signifikan dan positif antara kecerdasan emosi (kesedaran kendiri, pengawalan kendiri, motivasi kendiri, empati dan kemahiran sosial) dengan kecekapan kemahiran guru-guru kaunseling sekolah menengah di daerah Kulaijaya, Johor.

Dapatan kajian menunjukkan bahawa hubungan antara kecerdasan emosi dengan kecekapan kemahiran adalah signifikan sederhana teguh yang positif berdasarkan kepada nilai pekali korelasi bagi setiap domain kecerdasan emosi (jadual 4.21). Nilai pekali bagi keseluruhan domain kecerdasan emosi ialah ($r = .645$, $p \square .01$). Dapatan ini menunjukkan bahawa peningkatan kecerdasan emosi mendorong kepada kecekapan kemahiran. Oleh yang demikian, **Hipotesis nol 21** perlu ditolak.

Jadual 4.21 : Korelasi *Pearson r* bagi kecerdasan emosi dengan kecekapan kemahiran

Pembolehubah Kecerdasan Emosi	Kecekapan Kepimpinan Kaunseling (Kecekapan Kemahiran)	
	Pearson, r	Signifikan
Kesedaran Kendiri	.124	.382
Pengawalan Kendiri)	.118	.406
Motivasi Kendiri	.412**	.002
Empati	.581**	.000
Kemahiran Sosial	.626**	.000
Keseluruhan Kecerdasan Emosi	.645**	.000

* Signifikan pada aras signifikan 0.05

** Signifikan pada aras signifikan 0.01

Bagi menjawab soalan keempat dalam Hipotesis nol 21, sebanyak lima hipotesis dikemukakan dan diuji. Kesemua hipotesis tersebut adalah berkaitan dengan hubungan lima domain kecerdasan emosi dengan kecekapan kemahiran. Hipotesis berkaitan dengan hubungan antara kecerdasan emosi (kesedaran kendiri) dengan kecekapan kemahiran dinyatakan dalam bentuk hiposis nol seperti berikut:

Hipotesis nol 21.1

Tidak terdapat hubungan yang signifikan dan positif antara kecerdasan emosi (kesedaran kendiri) dengan kecekapan kemahiran guru-guru kaunseling sekolah menengah di daerah Kulaijaya, Johor.

Matrik korelasi *Pearson* dalam jadual 4.21 , menunjukkan hubungan antara kecerdasan emosi (kesedaran kendiri) dengan kecekapan kemahiran dalam kalangan guru-guru kaunseling adalah tidak signifikan dengan dapatan ($r = .124$, $p \square .05$), maka Hipotesis nol 21.1 diterima.

Hipotesis kedua berkaitan dengan hubungan antara kecerdasan emosi (pengawalan kendiri) dengan kecekapan kemahiran dinyatakan dalam bentuk hiposis nol seperti berikut:

Hipotesis nol 21.2

Tidak terdapat hubungan yang signifikan dan positif antara kecerdasan emosi (pengawalan kendiri) dengan kecekapan kemahiran guru-guru kaunseling sekolah menengah di daerah Kulaijaya, Johor

Matrik korelasi *Pearson* dalam jadual 4.21 , menunjukkan hubungan antara kecerdasan emosi (pengawalan kendiri) dengan kecekapan kemahiran dalam kalangan guru-guru kaunseling adalah tidak signifikan dengan dapatan ($r = .118$, $p \square .05$), maka Hipotesis nol 21.2 diterima.

Hipotesis ketiga berkaitan dengan hubungan antara kecerdasan emosi (motivasi kendiri) dengan kecekapan kemahiran dinyatakan dalam bentuk hiposis nol seperti berikut:

Hipotesis nol 21.3

Tidak terdapat hubungan yang signifikan dan positif antara kecerdasan emosi (motivasi kendiri) dengan kecekapan kemahiranguru-guru kaunseling sekolah menengah di daerah Kulaijaya, Johor.

Matrik korelasi *Pearson* dalam jadual 4.21 , menunjukkan hubungan antara kecerdasan emosi (motivasi kendiri) dengan kecekapan kemahiran dalam kalangan guru-guru kaunseling adalah signifikan sederhana teguh yang positif dengan dapatan (r = .412, p < .01), maka Hipotesis nol 21.3 ditolak.

Hipotesis keempat berkaitan dengan hubungan antara kecerdasan emosi (motivasi kendiri) dengan kecekapan kemahiran dinyatakan dalam bentuk hiposis nol seperti berikut:

Hipotesis nol 21.4

Tidak terdapat hubungan yang signifikan dan positif antara kecerdasan emosi (empati) dengan kecekapan kemahiran guru-guru kaunseling sekolah menengah di daerah Kulaijaya, Johor.

Matrik korelasi *Pearson* dalam jadual 4.21 , menunjukkan hubungan antara kecerdasan emosi (empati) dengan kecekapan kemahiran dalam kalangan guru-guru kaunseling adalah signifikan sederhana teguh yang positif di mana (r = .581, p □ .01), maka Hipotesis nol 21.4 ditolak.

Hipotesis kelima berkaitan dengan hubungan antara kecerdasan emosi (kemahiran sosial) dengan kecekapan kemahiran dinyatakan dalam bentuk hiposis nol seperti berikut:

Hipotesis nol 21.5

Tidak terdapat hubungan yang signifikan dan positif antara kecerdasan emosi (kemahiran sosial) dengan kecekapan kemahiran guru-guru kaunseling sekolah menengah di daerah Kulaijaya, Johor.

Matrik korelasi *Pearson* dalam jadual 4.21 , menunjukkan hubungan antara kecerdasan emosi (kemahiran sosial) dengan kecekapan kemahiran dalam kalangan guru-guru kaunseling adalah signifikan sederhana teguh dan positif di mana (r = .626, p □ .01), maka Hipotesis nol 21.5 ditolak.

4.6.2 Analisis Hubungan Antara Kecerdasan Dengan Perkembangan Personal

Persoalan kajian keempat, juga akan mengkaji hubungan antara domain-domain kecerdasan emosi dengan perkembangan personal. Untuk menjawab persoalan ini, Hipotesis nol 22 dikemukakan dan diuji.

Hipotesis nol 22

Tidak terdapat hubungan yang signifikan dan positif antara kecerdasan emosi (kesedaran kendiri, pengawalan kendiri, motivasi kendiri, empati dan kemahiran sosial) dengan perkembangan personal guru-guru kaunseling sekolah menengah di daerah Kulaijaya, Johor.

Secara keseluruhannya, dapatan kajian menunjukkan bahawa hubungan antara kecerdasan emosi dengan perkembangan personal adalah menunjukkan hubungan signifikan sederhana teguh dan positif berdasarkan kepada nilai pekali korelasi bagi setiap domain kecerdasan emosi (jadual 4.22). Nilai pekali bagi keseluruhan domain kecerdasan emosi ialah $r = .666$, $p \square .01$ (jadual 4.22). Dapatan ini menunjukkan bahawa peningkatan kecerdasan emosi mendorong kepada pemantapan perkembangan personal. Oleh yang demikian, **Hipotesis nol 22** perlu ditolak.

Jadual 4.22 : Analisis ujian korelasi Pearson bagi kecerdasan emosi dengan perkembangan personal

Pembolehubah Kecerdasan Emosi	Perkembangan Personal	
	Pearson, r	Signifikan
Kesedaran Kendiri	.207	.141
Pengawalan Kendiri	.149	.293

Motivasi Kendiri	.297*	.033
Empati	.670**	.000
Kemahiran Sosial	.608**	.000
Keseluruhan Kecerdasan Emosi	.666**	.000

* Signifikan pada aras signifikan 0.05
** Signifikan pada aras signifikan 0.01

Bagi menjawab soalan keempat dalam Hipotesis nol 22, sebanyak lima bentuk

hipotesis dibentuk dan diuji. Kesemua hipotesis tersebut adalah berkaitan dengan hubungan lima domain kecerdasan emosi dengan perkembangan personal.

Analisis bivariat dengan kaedah korelasi *Pearson* digunakan untuk menguji lima hipotesis nol (Hipotesis nol 22.1 hingga Hipotesis nol 22.5) yang dinayatakan seperti berikut bersama-sama dengan keputusan matrik korelasi *Pearson* (Jadual 4.22).

Hipotesis pertama berkaitan dengan hubungan antara kecerdasan emosi kesedaran kendiri) dengan perkembangan personal dinyatakan dalam bentuk hipotesis nol seperti berikut:

Hipotesis nol 22.1

Tidak terdapat hubungan yang signifikan dan positif antara kecerdasan emosi (kesedaran kendiri) dengan perkembangan personal guru-guru kaunseling sekolah menengah di daerah Kulaijaya, Johor.

Matrik korelasi *Pearson* dalam jadual 4.22 , menunjukkan hubungan antara kecerdasan emosi (kesedaran kendiri) dengan perkembangan personal dalam kalangan guru-guru kaunseling adalah tidak signifikan dengan dapatan ($r = .207$, p □ .05), maka Hipotesis nol 22.1 diterima.

Hipotesis kedua berkaitan dengan hubungan antara kecerdasan emosi (pengawalan kendiri) dengan perkembangan personal dinyatakan dalam bentuk hiposis nol seperti berikut:

Hipotesis nol 22.2

Tidak terdapat hubungan yang signifikan dan positif antara kecerdasan emosi (pengawalan kendiri) dengan perkembangan personal guru-guru kaunseling sekolah menengah di daerah Kulaijaya, Johor.

Matrik korelasi *Pearson* dalam jadual 4.22, menunjukkan hubungan antara kecerdasan emosi (pengawalan kendiri) dengan perkembangan personal dalam kalangan guru-guru kaunseling adalah tidak signifikan di mana ($r = .149$, p □ .05), maka Hipotesis nol 22.2 diterima.

Hipotesis ketiga berkaitan dengan hubungan antara kecerdasan emosi (motivasi kendiri) dengan perkembangan personal dinyatakan dalam bentuk hipotesis nol seperti berikut:

Hipotesis nol 22.3

Tidak terdapat hubungan yang signifikan dan positif antara kecerdasan emosi (motivasi kendiri) dengan perkembangan personal guru-guru kaunseling sekolah menengah di daerah Kulaijaya, Johor.

Matrik korelasi *Pearson* dalam jadual 4.22 , menunjukkan hubungan antara kecerdasan emosi (motivasi kendiri) dengan perkembangan personal dlam kalangan guru-guru kaunseling adalah hubungan signifikan sederhana teguh yang positif dengan dapatan ($r = .297$, $p < .05$), maka Hipotesis nol 22.3 ditolak.

Hipotesis keempat berkaitan dengan hubungan antara kecerdasan emosi (empati) dengan perkembangan personal dinyatakan dalam bentuk hiposis nol seperti berikut:

Hipotesis nol 22.4

> Tidak terdapat hubungan yang signifikan dan positif antara kecerdasan emosi (empati) perkembangan personal guru-guru kaunseling sekolah menengah di daerah Kulaijaya, Johor.

Matrik korelasi *Pearson* dalam jadual 4.22 , menunjukkan hubungan antara kecerdasan emosi (empati) dengan perkembangan personal dalam kalangan guru-guru kaunseling adalah signifikan sederhana teguh dan positif di mana ($r = .670$, p $\square$ $.01$), maka Hipotesis nol 22.4 ditolak.

Hipotesis kelima berkaitan dengan hubungan antara kecerdasan emosi (kemahiran sosial) dengan perkembangan personal dinyatakan dalam bentuk hiposis nol seperti berikut:

Hipotesis nol 22.5

> Tidak terdapat hubungan yang signifikan dan positif antara kecerdasan emosi (kemahiran sosial) dengan perkembangan personal guru-guru kaunseling sekolah menengah di daerah Kulaijaya, Johor.

Matrik korelasi *Pearson* dalam jadual 4.22 , menunjukkan hubungan antara kecerdasan emosi (kemahiran sosial) dengan perkembangan personal dalam kalangan guru-guru kaunseling adalah hubungan signifikan sederhana teguh dan positif di mana ($r = .608$, p $\square$ $.01$), maka Hipotesis nol 22.5 ditolak.

4.7   Penutup

Bab ini telah membincangkan hasil analisis ujian statistik dengan menggunakan kaedah deskriptif dan inferensi. Keputusan pengujian hipotesis yang dijalankan menunjukkan bahawa terdapat hubungan signifikan sederhana teguh dan positif antara kecerdasan emosi dengan kecekapan kemahiran. Begitu juga hubungan antara kecerdasan emosi dengan perkembangan personal menunjukkan hubungan signifikan sederhana teguh yang positif. Selain itu, dapatan ini juga menunjukkan bahawa tidak terdapat perbezaan kecerdasan emosi mengikut jantina dan lokasi sekolah. Sedangkan terdapat perbezaan yang signifikan terhadap kecerdasan emosi berdasarkan gred perjawatan yang disandang dan juga tempoh pengalaman perkhidmatan.

BAB 5

RUMUSAN, PERBINCANGAN DAN CADANGAN

5.1   Pengenalan

Bab ini mengemukakan perbincangan dapatan kajian yang diperolehi hasil dari penganalisisan data seperti yang dinyatakan dalam bab 4.   Perbincangan akan dikaitkan dengan beberapa kajian terdahulu sebagai perbandingan dan pengukuhan dapatan kajian.   Perbincangan seterusnya akan menyentuh perkara-perkara yang berkaitan dengan implikasi kajian kepada pihak-pihak yang terlibat dengan bidang pendidikan dan perkhidmatan bimbingan dan kaunseling.   Beberapa cadangan untuk kajian lanjutan juga dikemukakan.

Perbincangan dapatan kajian dimulakan dengan ciri-ciri demografi dan tahap kecerdasan emosi dalam kalangan guru-guru kaunseling sekolah menengah daerah Kulaijaya.   Kemudian diikuti pula dengan perbincangan tentang perbezaan tahap kecerdasan emosi berdasarkan faktor demografi responden dalam kalangan guru-guru kaunseling.   Perbincangan diteruskan dengan dapatan kajian berkaitan dengan tahap kecekapan kemahiran dan perkembangan personal.   Perbincangan diakhiri dengan hubungan antara kecerdasan emosi dengan kecekapan kemahiran dan perkembangan personal guru kaunseling.   Dapatan kajian secara keseluruhannya dirumuskan dalam rumusan kajian.   Adalah diharapkan rumusan kajian ini dapat dijadikan panduan dalam meningkatkan pengguasaan kecerdasan emosi dan kualiti kecekapan kemahiran dan perkembangan personal demi memartabatkan profesionalisme guru-guru kaunseling di Malaysia.

5.2   Rumusan Kajian

Kajian ini dijalankan bertujuan untuk melihat hubungan antara kecerdasan emosi dengan kecekapan kemahiran dan perkembangan personal dalam kalangan guru kaunseling sekolah menengah di daerah Kulaijaya, Johor. Seramai 52 orang guru kaunseling sepenuh masa mengambil bahagian dalam kajian ini. Responden kajian mempunyai latar belakang yang berbeza dari segi jantina, lokasi sekolah tempat berkhidmat, gred perjawatan dan tempoh pengalaman perkhidmatan. Secara ringkasnya, hasil kajian boleh dirumuskan berdasarkan persoalan-persoalan kajian.

Dapatan kajian menunjukkan bahawa guru-guru kaunseling di daerah Kulaijaya, Johor mempunyai penguasaan kecerdasan emosi pada tahap yang sederhana. Penguasaan tahap kecerdasan emosi yang tertinggi iaitu bagi domain kemahiran sosial menunjukkan keselarasan kepentingan domain ini dalam profesian sebagai guru kaunseling. Manakala pengguasaan yang terendah dalam domain kesedaran kendiri memberikan satu gambaran kepada keperluan guru-guru kaunseling untuk mempertingkatkan pengetahuan, latihan dan kemahiran dengan menghadiri kursus-kursus, latihan-latihan profesional dan lain-lain bentuk latihan yang bersesuaian.

Tahap penguasaan kecerdasan emosi didapati tidak menunjukkan perbezaan berdasarkan faktor jantina dan lokasi sekolah dalam kalangan guru-guru kaunseling. Setiap guru kaunseling tidak mengira jantina dan lokasi tempat berkhidmat berpeluang memiliki tahap kecerdasan emosi yang tinggi dan begitulah sebaliknya. Seterusnya, didapati wujudnya perbezaan tahap kecerdasan emosi berdasarkan faktor gred perjawatan dan tempoh perkhidmatan guru-guru kaunseling. Ini menunjukkan bahawa guru-guru kaunseling yang mempunyai gred perjawatan yang tinggi mempunyai kecenderungan memiliki tahap kecerdasan emosi yang lebih tinggi.

Dapatan kajian mengenai tahap kecekapan kemahiran dan perkembangan personal di kalangan guru-guru kaunseling mendapati bahawa kecekapan kemahiran dan perkembangan personal berada pada tahap yang tinggi. Ini menunjukkan bahawa guru-guru kaunseling yang terlibat dalam kajian ini mempunyai kecekapan kemahiran dan kecekapan perkembangan personal yang baik yang menjadi penyumbang terhadap profesionalisme perkhidmatan mereka.

Secara keseluruhannya, keputusan kajian menunjukkan bahawa kecerdasan emosi mempunyai hubungan yang signifikan teguh dan positif dengan kecekapan kemahiran dan perkembangan personal. Dalam konteks ini, tahap kecerdasan emosi dikenalpasti berkecenderungan mempengaruhi tahap kecekapan kemahiran dan perkembangan personal. Selain itu, komponen kecerdasan emosi dengan perkembangan personal didapati menunjukkan hubungan yang lebih teguh berbanding dengan komponen kecekapan kemahiran.

5.3 Perbincangan Maklumat Diri Responden

Rumusan dan kesimpulan berhubung dengan ciri-ciri demografi responden kajian ini dapat memberikan gambaran tentang kriteria demografi sasaran kajian. Maklumat ini penting terutamanya dalam rangka memahami kaitan antara beberapa pembolehubah demografi tersebut dengan tahap kecerdasan emosi yang merangkumi komponen kesedaran kendiri, pengawalan kendiri, motivasi kendiri, empati dan kemahiran sosial.

Seramai 52 orang guru kaunseling sekolah-sekolah menengah di daerah Kulaijaya, Johor terlibat dalam kajian ini. Pecahan responden berdasarkan jantina adalah seimbang iaitu seramai 38 orang (73.1%) adalah perempuan dan 14 orang (26.9%) lelaki. Ini menggambarkan realiti sebenar nisbah guru di sekolah yang menunjukkan bilangan guru perempuan adalah melebihi bilangan guru lelaki.

Dalam kalangan guru-guru kaunseling sekolah menengah daerah Kulaijaya, majoriti responden yang terlibat dalam kajian iaitu seramai 38 orang (73.1%) berkhidmat di kawasan bandar, manakala hanya 14 orang (26.9%) yang berkhidmat di kawasan luar bandar. Keadaan ini memberikan gambaran sebenar lokasi sekolah di daerah Kulaijaya, sekolah menengah yang berada dalam lokasi bandar adalah melebihi daripada sekolah menengah di lokasi luar bandar.

Dari segi gred perjawatan, kebanyakan responden dalam kalangan guru kaunseling menyandang gred DG 41 iaitu seramai 39 orang (75%). Selebihnya iaitu seramai 13 orang (25%) yang menyandang gred perjawatan DG 44. Nisbah ini seimbang dan menggambarkan realiti sebenar guru-guru kaunseling di sekolah yang terdiri daripada penyandang gred DG 41 melebihi penyandang gred DG 44.

Daripada analisis data, didapati seramai 22 orang (42.3%) adalah terdiri daripada guru kaunseling yang berkhidmat selama kurang dari 5 tahun. Seramai 21 orang (40.4%) adalah responden yang telah berkhidmat antara 6 hingga 10 tahun, seterusnya didapati 4 orang (7.7%) telah berkhidmat antara 11 hingga 15 tahun, manakala seramai 5 orang (9.6%) responden yang telah berkhidmat antara 16 hingga 20 tahun. Keadaan ini menunjukkan realiti sebenar di daerah Kulaijaya yang terdiri daripada nisbah yang seimbang guru kaunseling yang baru memulakan perkhidmatan dengan dengan bilangan guru kaunseling yang telah lama berkhidmat.

5.4 Perbincangan Analisis Dapatan Berdasarkan Persoalan Kajian Dan Hipotesis Kajian

Kerangka konsep, objektif-objektif dan persoalan-persoalan kajian menjadi panduan untuk menjelaskan analisis-analisis kajian. Berikut ialah ringkasan penemuan-penemuan kajian untuk menjawab persoalan kajian.

5.4.1 Tahap Kecerdasan Emosi Responden

Daripada analisis deskriptif tahap kecerdasan emosi, kajian ini telah berjaya mengumpulkan maklumat berkaitan dengan tahap kecerdasan emosi guru-guru kaunseling yang menunjukkan bahawa tahap kecerdasan emosi secara keseluruhannya berada pada tahap sederhana (3.41). Domain kemahiran sosial berada pada kedudukan paling tinggi berbanding domain-domain kecerdasan emosi yang lain dengan perolehan nilai min 4.19. Motivasi diri dan empati berada pada tahap sederhana dengan perolehan nilai min yang sama iaitu 3.60. Seterusnya diikuti dengan domain pengawalan kendiri manakala kesedaran kendiri merupakan domain yang berada di tahap yang paling rendah.

Dapatan kajian ini menunjukkan bahawa, secara keseluruhannya tahap kecerdasan emosi guru-guru kaunseling daerah Kulaijaya berada pada tahap yang sederhana. Ini menunjukkan bahawa guru-guru kaunseling di daerah Kulaijaya, mempunyai keupayaan untuk mengenalpasti emosi yang dialami, berupaya untuk mengawal dan mengurus emosi diri, berkebolehan untuk memotivasikan diri sendiri dalam mencapai matlamat yang diingini, mampu untuk menunjukkan empati terhadap permasalahan orang lain serta mempunyai kemahiran sosial yang baik.

Sebagai seorang guru kaunseling, cabaran kerjaya yang dihadapi adalah apabila mereka perlu sentiasa berhadapan dengan individu-individu atau kumpulan-kumpulan pelajar yang datang dengan pelbagai isu dan masalah. Situasi permasalahan klien yang rencam dengan kerenah klien yang pelbagai ragam, sudah pasti memerlukan guru kaunseling ini menguasai daya ketahanan dan kecerdasan emosi yang tinggi. Seseorang guru kaunseling yang memiliki kecerdasan emosi yang positif, mampu berempati, mempunyai kemahiran sosial yang baik dan sentiasa bermotivasi akan mampu berhadapan dengan cabaran kerjaya dengan lebih baik dan berkesan.

Dapatan ini menyokong dapatan kajian yang dijalankan oleh Asliza Awang Kachik (2004) dan Ch'ng Ee Thiam (2006) yang mendapati tahap kecerdasan emosi dalam kalangan Guru Bimbingan & Kaunseling daerah Johor Bahru adalah pada tahap yang memuaskan.

Dapatan kajian ini mempunyai keselarian dengan pandangan (Goleman, 1999), yang menyatakan individu yang dapat menguasai tahap kecerdasan emosi yang baik secara khususnya mengambarkan individu itu memiliki sifat sabar apabila menghadapi masalah dan halangan, mempunyai keyakinan diri, bermotivasi untuk mencapai matlamat, keberkesanan kerja berpasukan dan mempunyai kemahiran untuk menangani konflik. Ciri-ciri personaliti seperti ini sangat diperlukan dalam diri guru-guru kaunseling demi menyahut cabaran dan halangan dalam era dunia globalisasi.

Dapatan ini juga menyokong pandangan Cooper dan Sawaf (1997) yang mendapati individu yang mempunyai tahap ketahanan emosi yang tinggi membolehkannya berupaya menguruskan emosi diri dan orang lain. Dengan ini, mereka dapat memahami sebab wujudnya tekanan dan mampu mengurus tekanan yang dihadapi. Individu yang mempunyai tahap ketahanan emosi yang baik di tempat kerja membolehkannya mencapai prestasi kerja yang lebih baik berbanding individu yang mempunyai tahap ketahanan emosi yang rendah.

5.4.1.1 Tahap Tertinggi Kecerdasan Emosi Kemahiran Sosial

Daripada analisis deskriptif tahap kecerdasan emosi, telah dikenalpasti bahawa domain kecerdasan emosi yang memperolehi nilai skor tertinggi adalah domain kemahiran sosial dengan perolehan nilai skor min 4.19. Dapatan yang diperolehi dari analisis deskriptif menunjukkan bahawa domain kemahiran sosial mendapat perolehan skor tertinggi berbanding dengan domain-domain lain yang terdapat dalam komponen kecerdasan emosi. Ini menunjukkan bahawa tahap pengguasaan kemahiran sosial dalam kalangan guru-guru kaunseling daerah Kulaijaya adalah berada pada tahap yang tinggi.

Elemen kemahiran sosial mendapat skor tertinggi dalam kalangan guru-guru kaunseling daerah Kulaijaya. Dapatan ini menunjukkan realiti sebenar kepentingan bidang tugas sebagai guru kaunseling adalah dalam aspek memberi perkhidmatan tolong bantu yang memerlukan mereka sentiasa berhubung dengan orang lain. Dalam aspek ini, perkhidmatan kaunseling bukan sahaja terbatas kepada pelajar-pelajar sekolah, tetapi juga meliputi perhubungan dan kerjasama dengan pihak pentadbir sekolah, guru-guru, staf sokongan, malahan meliputi perhubungan dengan para ibu bapa dan juga masyarakat setempat.

Ini menyebabkan seseorang guru kaunseling, perlu menguasai kemahiran sosial dan kemahiran interpersonal yang tinggi bagi membolehkan mereka dapat berhubung dan berkomunikasi dengan orang disekelilingnya dengan berkesan bersesuaian dengan kehendak dan keperluan tugas dan tanggungjawab yang dipikul.

Dapatan kajian ini mempunyai keselarasan dan memperteguhkan pernyataan Teori Holland (1992) yang menyatakan bahawa kerjaya sebagai kaunselor memerlukan seseorang memiliki ciri-ciri tahap kemahiran sosial yang tinggi.

Dapatan kajian ini juga menyokong dan memperteguhkan kenyataan oleh Noriah (2005), yang menyatakan bahawa kebolehan berempati dan mempunyai daya tanggapan sosial atau *social perceptiveness* merupakan domain utama untuk menjadi seorang guru kaunseling. Kecekapan dalam tanggapan sosial atau *social perceptiveness*, kemahiran mendengar dan kemahiran berkomunikasi adalah terangkum dalam kecekapan sosial yang menjadi faktor utama penentu kejayaan seseorang guru kaunseling.

Selain itu, dapatan ini menyokong kajian yang dijalankan oleh Goleman, (1998), terhadap 500 buah organisasi di seluruh dunia. Dapatan ini membuktikan bahawa ciri-ciri utama individu yang memperolehi kejayaan dalam kerjaya adalah terdiri daripada indivudu-individu yang memiliki kemahiran antara perorangan dan keyakinan diri yang tinggi sepertimana yang terdapat dalam kecerdasan emosi.

5.4.1.2   Tahap Terendah Kecerdasan Emosi Kesedaran Kendiri

Daripada analisis deskriptif tahap kecerdasan emosi, kajian ini telah berjaya mengenalpasti bahawa domain kecerdasan emosi yang memperolehi nilai skor terendah adalah domain kesedaran kendiri dengan perolehan nilai min 2.75. Dapatan ini menunjukkan bahawa domain kesedaran kendiri berada pada tahap sederhana tetapi mendapat perolehan skor terendah berbanding dengan domain-domain lain yang terdapat dalam kecerdasan emosi.

Tahap kesedaran kendiri berada pada tahap sederhana dalam kalangan guru-guru kaunseling di daerah Kulaijaya, memberikan gambaran sebenar dunia perkhidmatan kaunseling di sekolah. Ini adalah kerana secara umumnya guru-guru kaunseling sekolah dilihat sebagai personalia yang mempunyai ciri-ciri ketrampilan dan kepimpinan serba boleh untuk menangani segala permasalah yang timbul.

Keperluan kepada tugas yang pelbagai dan rencam ini merupakan cabaran yang menyebabkan guru-guru kaunseling, lebih banyak memberi fokus kepada aspek perhubungan interpersonal dan kemahiran sosial bagi memenuhi ekspektasi-ekspektasi tersebut. Implikasi dari fenomena yang berlaku ini menyebabkan guru-guru kaunseling khususnya di daerah Kulaijaya kurang memberi tumpuan untuk mengamati perasaan, mengenali emosi diri dan membuat penilaian terhadap diri sendiri. Fenomena ini akhirnya menyebabkan aspek kesedaran kendiri kurang diberi penekanan dalam kehidupan kerjaya seseorang guru-guru kaunseling dan menyebab domain ini mendapat kedudukan terendah berbanding dengan empat domain kecerdasan emosi yang lain. Walaupun tahap kesedaran kesedaran berada pada kedudukan paling rendah berbanding domain kecerdasan emosi yang lain, namun tahap kesedaran kendiri dalam kalangan guru-guru kaunseling daerah Kulaijaya, berada pada tahap yang sederhana. Ini menunjukkan bahawa guru-guru kaunseling ini berupaya untuk mengamati diri memahami perasaan yang dialami.

Dapatan kajian ini menyokong dapatan kajian yang dijalankan oleh Mohd. Najib (2000) menunjukkan kecerdasan emosi pensyarah-pensyarah di salah sebuah fakulti pendidikan adalah di tahap sederhana dan tidak menonjol.

Dapatan kajian ini juga menyokong pandangan Rogers (dalam Corey, Corey & Callahan 1998) yang menyatakan bahawa seseorang yang boleh menunjukkan sifat berempati akan lebih mudah berinteraksi dengan orang lain terutama dalam proses membantu seseorang. Sebelum kita mengenali emosi orang lain, maka terlebih dahulu kita mesti mengenali emosi sendiri. Lebih tinggi keupayaan kita menyelami emosi sendiri maka lebih mudah kita memasuki atau memahami emosi orang lain atau berempati.

Dapatan ini menyokong pernyataan oleh Noriah (2005) berkaitan dengan kepentingan penguasaan tahap kecerdasan emosi terutamanya dalam menekankan faktor kejayaan seseorang guru kaunseling dalam profesion kaunseling yang memerlukan mereka terlebih dahulu berupaya menghayati aspek-aspek kecekapan peribadi sebelum dapat mengaplikasikannya kepada kecekapan sosial.

5.4.2 Perbezaan Tahap Kecerdasan Emosi Mengikut Demografi

Berdasarkan analisis ujian-t dan Anova Satu Hala, kajian ini telah berjaya mendapatkan maklumat tentang perbezaan tahap kecerdasan emosi berdasarkan faktor jantina, lokasi sekolah, gred perjawatan dan tempoh perkhidmatan dalam kalangan guru-guru kaunseling daerah Kulaijaya, Johor.

5.4.2.1 Perbezaan Tahap Kecerdasan Emosi Mengikut Jantina

Berdasarkan analisis ujian-t, kajian ini telah mendapatkan maklumat tentang perbezaan tahap kecerdasan emosi berdasarkan faktor jantina dalam kalangan guru-guru kaunseling daerah Kulaijaya. Dapatan analisis data menunjukkan tidak terdapat perbezaan yang signifikan tahap kecerdasan emosi antara lelaki dan perempuan. Nilai signifikan yang diperolehi adalah 0.95, merupakan nilai yang lebih besar dari aras signifikan yang ditetapkan iaitu 0.05. Ini menunjukkan bahawa tidak terdapat perbezaan tahap kecerdasan emosi berdasarkan faktor jantina, dalam kalangan guru-guru kaunseling sekolah menengah daerah Kulaijaya.

Dapatan kajian ini menunjukkan, tidak terdapat perbezaan tahap kecerdasan emosi mengikut jantina antara guru kaunseling lelaki ataupun guru kaunseling perempuan. Pada hakikatnya, setiap manusia mempunyai kebolehan, keupayaan, kekuatan dan kelemahan yang berbeza-beza dalam pelbagai aspek kehidupan. Begitu juga dalam mengguasai kecerdasan emosi samada dari aspek kesedaran kendiri, motivasi kendiri dan sebagainya. Keupayaan dan kebolehan ini bukanlah satu kurniaan kepada seseorang yang bergelar lelaki atau perempuan.

Sebaliknya kebolehan dan keupayaan ini dipelajari, dipupuk dan digarap dalam diri seseorang seiring dengan lingkungan persekitarannya dan pengalaman hidupnya. Begitu juga keadaannya bagi guru-guru kaunseling di daerah Kulaijaya. Bagi mereka yang berjaya melalui kehidupannya dalam suasana yang positif dan mesra, tanpa mengira jantina samada lelaki atau perempuan, mereka inilah didapati lebih berkecenderungan dalam mengguasai kemahiran perhubungan interpersonal dan intrapersonal serta mampu mengawal dan menggunakan emosi diri untuk mencapai matlamat hidup.

Dapatan ini menyokong dan memperteguhkan pendapat Goleman (1998), yang menyatakan bahawa lelaki dan wanita seolah-olahnya adalah sama dari segi kebolehan meningkatkan tahap EQ masing-masing. Wanita berkecenderungan menjadi cekap dalam aspek kemahiran sosial. Sementara lelaki adalah cekap dari segi keupayaan mengurus emosi sendiri. Dengan ini lelaki dan perempuan adalah sama dari segi mempertingkatkan dan menguruskan emosi kendiri.

Dapatan ini juga adalah selari dengan dapatan Annie Suziana (2008) dalam kajiannya yang mendapati tidak terdapat perbezaan tahap kecerdasan emosi antara pensyarah lelaki dan pensyarah perempuan di ADTEC, Batu Pahat. Manakala dapatan Yahaya dan Donna Ng (2001), menunjukkan pekerja lelaki dan perempuan tidak menampakkan sebarang perbezaan terhadap tahap pengguasaan kecerdasan emosi. Begitu juga dengan dapatan Noriah Mohd Ishak et.al (2002) mengenai profil kecerdasan emosi mengikut faktor jantina juga turut mendapati bahawa tidak terdapat perbezaan yang signifikan antara tahap kecerdasan emosi pelajar lelaki dan pelajar perempuan.

5.4.2.2 Perbincangan Perbezaan Tahap Kecerdasan Emosi Mengikut Lokasi Sekolah

Berdasarkan data inferensi ujian-t, kajian ini telah berjaya mendapatkan maklumat tentang perbezaan tahap kecerdasan emosi mengikut lokasi sekolah. Dapatan analisis mendapati nilai signifikan yang diperolehi adalah 0.171 iaitu lebih besar dari aras signifikan yang ditetapkan pada 0.05. Ini menunjukkan bahawa tidak terdapat perbezaan yang signifikan antara tahap kecerdasan emosi guru-guru kaunseling yang berkhidmat di lokasi bandar dengan tahap kecerdasan emosi guru kaunseling yang berkhidmat di lokasi luar bandar di daerah Kulaijaya.

Ini adalah kerana, daerah Kulaijaya, Johor bukanlah sebuah daerah yang besar. Oleh itu, sekolah menengah yang berada dalam lokasi bandar mahupun lokasi luar bandar dalam daerah Kulaijaya, menunjukkan banyak ciri-ciri persamaan. Persamaan yang wujud antara sekolah-sekolah ini menyebabkan lokasi sekolah, sama ada di bandar atau pun di luar bandar, tidak menjadi faktor yang mampu memberi kesan terhadap tahap penguasaan kecerdasan emosi guru-guru kaunseling di daerah Kulaijaya, Johor.

Dapatan kajian ini menunjukkan perolehan dapatan yang berbeza daripada hasil kajian oleh James Poon (2002) yang menunjukkan, terdapat hubungan yang signifikan antara pegawai-pegawai yang memperolehi kelulusan dari luar negara berbanding dengan pegawai yang mendapat kelulusan dari universiti dalam negara. Tahap kecerdasan emosi individu yang berkelulusan dari luar negara didapati lebih tinggi berbanding dengan individu yang berkelulusan dalam negara. Sementara itu, pegawai yang berkelulusan dari luar negara menunjukkan skor yang tinggi dalam keupayaan mengenal emosi dan memahami emosi mereka.

Dapatan kajian ini bertentangan daripada dapatan kajian lepas yang dinyata di atas. Ini adalah disebabkan oleh faktor lokasi yang dipilih, menunjukkan ciri-ciri yang amat jelas perbezaannya. Kajian oleh James Poon ini mengkaji perbezaan tahap kecerdasan emosi antara lokasi luar negara dan dalam negara, yang sememangnya menunjukkan jurang perbezaan yang sangat jelas samada dari segi budaya hidup, agama, kebudayaan, bangsa dan lain-lain. Perbezaan yang amat ketara ini menjadi faktor dalam mempengaruhi perbezaan tahap penguasaan kecerdasan emosi seseorang.

5.4.2.3 Perbincangan Perbezaan Tahap Kecerdasan Emosi Mengikut Gred Perjawatan

Berdasarkan analisis ujian-*t,* kajian ini telah berjaya mendapatkan maklumat tentang perbezaan tahap kecerdasan emosi mengikut gred perjawatan guru-guru. Nilai signifikan yang diperolehi adalah 0.001 lebih kecil dari aras signifikan yang ditetapkan iaitu 0.05. Dapatan analisis ini menunjukkan terdapat perbezaan yang signifikan antara tahap kecerdasan emosi guru yang menyandang gred perjawatan DG 41 dengan guru yang menyandang gred DG 44.

Dapatan ini menunjukkan bahawa guru-guru kaunseling yang mempunyai gred perjawatan yang tinggi mempunyai kecenderungan untuk memiliki tahap kecerdasan emosi yang lebih tinggi. Ini adalah kerana, gred perjawatan yang tinggi menjadi kayu pengukur dan menggambarkan keupayaan guru kaunseling tersebut dalam menguasai bidang tugasnya dengan lebih cemerlang berbanding dengan guru-guru kaunseling yang menyandang gred perjawatan yang lebih rendah.

Individu yang mampu untuk menjalankan kerja dengan cemerlang, selalu dikaitkan dengan personaliti diri yang mantap seperti memiliki motivasi diri yang tinggi, dapat mengawal dan mengurus emosi dengan baik serta mempunyai kemahiran intrapersonal yang tinggi. Sifat-sifat yang digambarkan ini adalah terangkum dalam domain-domain kecerdasan emosi yang dikenalpasti sebagai salah satu faktor yang menyumbang kepada kejayaan seseorang.

Dapatan kajian ini menyokong dan memperteguhkan dapatan yang dijalankan oleh Kajian Skovholt dan D'Rozario (2000) berhubung dengan guru cemerlang berbanding dengan guru biasa. Dapatan kajian menunjukkan bahawa guru cemerlang mempunyai atribusi atau domain kecerdasan emosi seperti empati dan kemahiran sosial. Selain itu, dapatan ini juga menunjukkan bahawa guru-guru cemerlang mempunyai tahap kepintaran interpersonal dan intrapersonal yang tinggi.

Dapatan ini juga adalah selari dengan dapatan oleh Mohd. Najib Ghafar (1999) yang menjalankan kajian perbandingan tahap kestabilan emosi di kalangan pensyarah dan pelajar yang melibatkan seramai 100 orang responden iaitu melibatkan dua kumpulan responden yang berbeza dari segi status perjawatan. Dapatan kajian menunjukkan keupayaan kecerdasan emosi pensyarah melebihi keupayaan kecerdasan emosi pelajar.

5.4.2.4 Perbincangan Perbezaan Tahap Kecerdasan Emosi Mengikut Tempoh Perkhidmatan Guru Kaunseling.

Berdasarkan analisis Anova Satu Hala, kajian ini telah mendapatkan maklumat tentang perbezaan tahap kecerdasan emosi mengikut tempoh perkhidmatan guru-guru kaunseling sekolah menengah daerah Kulaijaya. Nilai signifikan yang diperolehi adalah 0.00 lebih kecil berbanding dengan aras signifikan yang ditetapkan iaitu 0.05. Hasil analisis menunjukkan terdapat perbezaan yang signifikan tahap kecerdasan emosi antara guru-guru kaunseling yang baru berkhidmat berbanding dengan guru-guru yang telah lama berkhidmat.

Dapatan kajian ini menunjukkan bahawa tempoh perkhidmatan seseorang guru kaunseling memberi kesan yang berbeza terhadap tahap kecerdasan emosi guru-guru kaunseling. Ini adalah kerana guru-guru kaunseling yang telah lama berkhidmat mempunyai kepelbagaian pengalaman peribadi dan juga pengalaman profesional disepanjang tempoh perkhidmatan mereka. Pengalaman yang luas dan pelbagai ini mampu menjadikan seseorang itu lebih matang dalam menghadapi sesuatu situasi, menjadikan seseorang lebih bijaksana dalam membuat tindakan, serta memiliki kawalan emosi yang lebih baik.

Dapatan kajian ini menunjukkan keselarasan dengan kajian oleh Noriah, Siti Rahayah, Syed Najmuddin (2003) yang mendapati bahawa, umur dan pengalaman memainkan peranan penting dalam mempengaruhi tahap kecerdasan emosi guru-guru. Terdapat sebilangan guru yang menyatakan bahawa semasa muda mereka kurang pengalaman dalam aspek mendidik, menjadikan mereka bersifat "garang" apabila mengajar dan selalu menghukum pelajar yang bermasalah kerana tidak sabar. Bagaimanapun, apabila usia dan pengalaman mereka meningkat, mereka menjadi lebih matang dan lebih menguasai sifat sabar dalam mengendalikan pelajar-pelajar.

Dapatan kajian ini menjelaskan bahawa kadar perkembangan kecerdasan emosi berkembang mengikut umur dan kematangan seseorang.

Seterusnya dapatan kajian ini juga menyokong kajian yang dijalankan oleh Ch'ng Ee Thiam (2006), yang mengkaji perbezaan tahap kecerdasan emosi berdasarkan tempoh pengalaman perkhidmatan guru bimbingan & kaunseling di daerah Johor Bahru. Dapatan ini menunjukkan terdapat perbezaan yang signifikan tahap pengguasaan kecerdasan emosi guru-guru kaunseling berdasarkan tempoh pengalaman perkhidmatan seseorang.

5.4.3 Tahap Kecekapan Kemahiran Dan Perkembangan Personal

Daripada analisis deskriptif tahap kecekapan kemahiran dan perkembangan personal, kajian ini telah berjaya mengumpulkan maklumat berkaitan dengan tahap kecekapan kemahiran dan perkembangan personal yang menunjukkan bahawa tahap kecekapan kemahiran memperolehi nilai min 4.89. Manakala tahap perkembangan personal guru kaunseling memperolehi nilai min 4.93. Purata bagi kedua-dua komponen kecekapan kepimpinan kaunseling adalah 4.91. Ini menunjukkan bahawa tahap kecekapan kemahiran dan perkembangan personal secara keseluruhannya berada di tahap yang tinggi.

Dapatan ini menunjukkan bahawa tahap kecekapan kemahiran dan perkembangan personal dalam kalangan guru-guru kaunseling daerah Kulaijaya adalah berada pada tahap yang tinggi. Ini memberikan gambaran bahawa guru-guru kaunseling di sekolah dapat menguasai dan mengaplikasikan kemahiran-kemahiran kaunseling disamping memantapkan kualiti personal dalam usaha memberikan perkhidmatan bimbingan dan kaunseling yang berkesan di sekolah.

Guru kaunseling yang memiliki kualiti peribadi yang positif, menghormati klien serta sensitif pada emosi klien, pasti dapat memberi implikasi positif terhadap imej guru kaunseling tersebut di mata kliennya. Apatah lagi sekiranya kualiti peribadi ini dapat disepadukan dengan kemahiran-kemahiran kaunseling seperti kemahiran berempati, kemahiran mendengar yang efektif, kemahiran silang budaya dan dapat menerima klien tanpa syarat, sudah pasti dapat meningkatkan kepercayaan klien terhadap guru kaunseling tersebut serta mampu meletakkan status perkhidmatan bimbingan dan kaunseling dipandang tinggi oleh masyarakat sekolah.

Dapatan ini mempertuhkan dapatan kajian-kajian lepas yang banyak memberi tumpuan kepada huraian ciri-ciri kaunselor yang efektif iaitu mereka yang memiliki kecekapan kepimpinan kaunseling dari aspek sikap, kepercayaan, pengetahuan dan kemahiran (Corey, 2001; Sodowsky, 1994; Atkinson & Lowe, 1995; Mendoza, Ridley, Kanitz, Angermeier & Zenk, 1994; Worthington, Soth-Mcnett, Angela & Mareno, 2007).

Dapatan ini menyokong pandangan Lauver dan Harvey (1997), menekankan kepada tujuh aspek penting kemahiran kaunseling iaitu mendengar dengan aktif, memahami tahap 'distress', jelas dalam membuat pernyataan, berkhidmat tanpa sekatan, tingkahlaku klien dilihat sebagai hipotesis, tumpuan kepada klien dan mendengar dengan empati. Pengguasaan dalam kemahiran-kamahiran ini akan meningkatkan keberkesanan proses kaunseling.

Disamping itu, dapatan ini menyokong dan menunjukkan persamaan dengan kajian yang dijalankan oleh Rohana Isa (2005) tentang kecekapan kemahiran kaunselor yang merangkumi enam langkah kemahiran dalam proses menjalankan sesi kaunseling iaitu memahami world view klien secara empati, mencari punca permasalahan klien, mengenalpasti pelan dan tindakan yang diharapkan oleh klien, memberi sokongan terhadap tindakan yang diambil dan menilai hasil sesi kaunseling. Dapatan kajian menunjukkan secara keseluruhannya tahap kecekapan kaunseling guru-guru kaunseling adalah berada pada tahap yang baik.

Selain dari itu, dapatan ini juga didapati mempunyai keselarasan dengan kajian oleh Hassan Kudus (1994) yang mengkaji aspek kemahiran dan kualiti peribadi Guru Bimbingan dan Kaunseling. Dapatan kajian menunjukkan bahawa ciri-ciri kualiti peribadi dan kemahiran kaunseling perlu diberi penekanan penting kerana ia merupakan faktor yang menyumbang kepada kecekapan Guru Bimbingan dan Kaunseling.

5.4.3.1 Tahap Kecekapan Kemahiran

Berdasarkan dapatan ini, kecekapan kemahiran yang terdiri daripada domain kemahiran mempengaruhi memperolehi nilai min 4.76 manakala, kemahiran asas mendengar dengan perolehan nilai min 5.02. Purata kedua-dua domain yang dikategorikan dalam kecekapan kepimpinan kaunseling (kecekapan kemahiran) memperolehi nilai min 4.89. Ini menunjukkan secara keseluruhannya, tahap kecekapan kemahiran adalah pada tahap yang tinggi di kalangan guru-guru kaunseling sekolah menengah.

Kompetensi kecekapan kemahiran mendapat skor yang tinggi dalam kalangan guru-guru kaunseling daerah Kulaijaya adalah kerana salah satu komponen yang terdapat dalam kecekapan kemahiran ini, iaitu kemahiran mendengar adalah merupakan satu kemahiran yang paling asas dan paling penting sebagai syarat utama seseorang untuk menceburi bidang kaunseling. Seseorang yang tidak mampu menguasai kemahiran mendengar, adalah tidak layak untuk menceburi bidang ini, apatah lagi untuk menjadi seorang guru kaunseling. Ini adalah kerana tugas sebagai guru kaunseling di sekolah, memerlukan seseorang itu, bukan sahaja menggunakan kemahiran mendengar semasa menjalankan proses kaunseling tetapi, kemahiran ini dipraktikkan pada setiap masa bagi memastikan guru kaunseling ini sentiasa mendapat mesej yang betul bukan sahaja mesej secara verbal bahkan secara non verbal.

Kekuatan kemahiran mendengar yang ada pada guru-guru kaunseling ini menjadi satu lambang keperibadiannya yang dikaitkan dengan sifat mengambil berat, prihatin pada keperluan pelajar dan sifat-sifat lain yang dapat meningkatkan imej guru kaunseling tersebut di mata pelajar amnya dan warga sekolah khasnya.

Oleh itu, skor yang tinggi dalam aspek kecekapan kemahiran dapat memberikan gambaran bahawa guru-guru kaunseling di sekolah sememangnya telah dapat menguasai kemahiran asas kaunseling memandangkan kesemua guru kaunseling yang berkhidmat di daerah Kulaijaya adalah terdiri daripada guru-guru kaunseling yang mempunyai kelayakan dalam bidang ini dan mempunyai pengalaman yang luas dalam memberikan khidmat kaunseling kerana lebih separuh daripada guru kaunseling di daerah Kulaijaya adalah terdiri daripada guru-guru yang mempunyai pengalaman berkhidmat lebih dari enam tahun.

Selain itu, kemahiran mempengaruhi juga merupakan satu kemahiran yang harus dikuasai oleh guru-guru kaunseling dalam mencapai matlamat sesi kaunseling yang dijalankan kerana kemahiran ini banyak memberi tumpuan kepada aspek membimbing klien memahami isu dan permasalahan yang dihadapi dan seterusnya persediaan klien menerima diri dan kehidupannya.

Kecekapan kemahiran yang terdiri daripada domain kemahiran mempengaruhi dan kemahiran asas mendengar merupakan kemahiran asas yang amat penting dalam memastikan keberkesanan sesuatu proses kaunseling yang dijalankan. Oleh itu, penguasaan tahap kecekapan kemahiran adalah sewajarnya dikuasai oleh semua guru kaunseling bukan sahaja sahaja di daerah Kulaijaya, bahkan juga di seluruh Malaysia.

Dapatan ini menyokong pandangan Carkhuff dan Berenson (1967) yang menyatakan bahawa seseorang yang memiliki tahap kecekapan kemahiran yang tinggi adalah merujuk kepada mereka yang berkeupayaan menggunakan kemahiran-kemahiran tertentu seperti kemahiran parafrasa, kemahiran mendengar, kemahiran konfrontasi, kemahiran membuat refleksi dan sebagainya dengan berkesan dalam proses kaunseling yang dijalankan.

Dapatan kajian ini juga disokong oleh Shamsuri Omar (1996), berkaitan dengan faktor-faktor kompetensi kaunseling yang menyumbang kepada kejayaan atau kegagalan kaunselor dalam menjalankan sesi kaunseling. Kajian ini dijalankan ke atas pelajar-pelajar untuk mendapatkan maklumabalas dan persepsi pelajar-pelajar terhadap Guru Bimbingan Dan Kaunseling. Dapatan kajian menunjukkan bahawa kecekapan dan kemahiran kaunselor seperti kemahiran mendengar, kemahiran membuat refleksi dan sebagainya adalah merupakan faktor yang penting dan paling menyumbang dalam menentukan kejayaan sesi kaunseling yang dijalankan oleh guru kaunseling sekolah.

Disamping itu, dapatan ini juga selari dengan kajian oleh Amla et. al. (2001) yang menunjukkan bahawa kaunselor-kaunselor pelatih telah menggunakan kemahiran asas seperti kemahiran mendengar, dorongan minima, soalan terbuka dan soalan tertutup yang merupakan respons paling kerap digunakan berbanding kemahiran yang lain seperti refleksi emosi dan merumus.

5.4.3.2   Tahap Perkembangan Personal

Berdasarkan dapatan ini, perkembangan personal yang terdiri daripada domain sensitiviti emosi memperolehi nilai min 4.95 manakala kemahiran silang budaya dengan perolehan nilai min 4.90.   Purata kedua-dua domain yang dikategorikan dalam perkembangan personal ini memperolehi nilai min 4.93.   Ini menunjukkan bahawa tahap pengguasaan domain perkembangan personal dalam kalangan guru-guru kaunseling adalah berada pada tahap yang lebih tinggi berbanding kecekapan kemahiran.

Kompetensi perkembangan personal yang terdiri daripada domain kemahiran silang budaya dan sensitiviti emosi merupakan dua aspek penting yang perlu dikuasai oleh guru-guru kaunseling.   Pengguasaan tahap perkembangan personal yang tinggi di kalangan guru-guru kaunseling daerah Kulaijaya, memberi petunjuk bahawa kemahiran ini dapat dikuasai dengan baik dan mantap selaras dengan usaha untuk meningkatkan kualiti perkhidmatan yang diberi.

Dalam perkhidmatan kaunseling, sensitiviti emosi merupakan satu aspek yang penting dalam hubungan antara kaunselor dan klien kerana dapat mewujudkan hubungan yang mesra, harmonis dan seterusnya menyumbang kepada wujudnya hubungan yang terapiutik antara guru kaunseling dan kliennya.   Suasana hubungan yang positif dan terapiutik ini sudah tentu dapat meningkatkan keberkesanan dan kualiti perkhidmatan yang diberikan.

Disamping itu, kemahiran silang budaya juga adalah merupakan satu kemahiran yang tidak boleh dipisahkan daripada guru kaunseling, selaras dengan realiti sekolah-sekolah di Malaysia yang terdiri dari pelbagai kaum, agama dan budaya. Oleh itu, penguasaan kemahiran silang budaya dalam kalangan guru kaunseling dapat mengelakkan berlakunya bias agama, kaum dan budaya dalam perkhidmatan yang diberi.

Dapatan ini menyokong pandangan Carkhuff dan Berenson (1967) yang menyatakan bahawa seseorang yang mempunyai tahap pengguasaan perkembangan personal yang tinggi adalah merujuk kepada kebolehan seseorang untuk menambah kefahaman terhadap diri sendiri dan diterjemahkan ke dalam proses kaunseling dan perhubungan sosial yang efektif.

Dapatan ini menyokong juga kajian yang dijalankan oleh Welfel (2006), yang menyatakan seseorang kaunselor harus dapat mengguasai kebolehan untuk memahami tingkahlaku klien tanpa menunjukkan nilai *judgemental*. Kaunselor juga harus dapat mengenalpasti tingkahlaku *self defeating* dan membantu klien memperkembangkan tingkahlaku bercorak *self rewarding*. Disamping itu, kaunselor harus mempunyai kepakaran dalam sesuatu bidang tertentu yang bernilai di sisi klien, berkebolehan untuk memberi penyelesaian masalah secara sistematik dan mempunyai gaya pemikiran yang bersistem, cekap dalam memahami sosial, budaya dan politik semasa.

Dapatan ini mempunyai persamaan dengan pendapat Munro, Manthei dan Small (1983) dalam bukunya yang bertajuk *"Counseling A Skills Approach"*, menerangkan terdapat tiga bidang dalam kaunseling yang menjelaskan seorang kaunselor yang berkualiti iaitu kaunselor sebagai model, hubungan yang efektif dalam kaunseling dan keinginan yang tinggi untuk membantu. Tidak dapat dinafikan dalam proses kaunseling, klien akan meniru sebahagian dari tindakan kaunselor dan mengambil sebahagian dari kepercayaan dan sikap kaunselor masuk dalam diri klien. Tindakan ini adalah di luar kawalan kaunselor, tetapi kaunselor perlu sedar dan mengekalkan sikap yang baik untuk hubungan yang efektif dan sebagai membantu menyelesaikan masalah klien.

5.4.4. **Hubungan Antara Tahap Kecerdasan Emosi Dengan Kecekapan Kemahiran Dan Perkembangan Personal**

Berdasarkan analisis bivariat dengan kaedah ujian korelasi Pearson r, kajian ini telah berjaya mendapatkan maklumat mengenai hubungan antara domain-domain kecerdasan emosi dengan kecekapan kemahiran dan perkembangan personal dalam kalangan guru-guru kaunseling daerah Kulaijaya, seperti yang dinyatakan dalam Hipotesis nol 21 dan Hipotesis nol 22.

5.4.4.1 Hubungan Antara Tahap Kecerdasan Emosi Dengan Kecekapan Kemahiran

Analisis korelasi telah dilakukan untuk menunjukkan hubungan antara tahap kecerdasan emosi dengan tahap kecekapan kemahiran. Berdasarkan analisis korelasi, didapati pembolehubah kemahiran sosial, empati dan motivasi kendiri menunjukkan hubungan signifikan sederhana teguh dan positif dengan kecekapan kemahiran. Nilai korelasi Person yang tertinggi ialah (r = .63) untuk pembolehubah kemahiran sosial, diikuti dengan pembolehubah empati (r = .58) dan seterusnya motivasi kendiri (r = .41). Manakala bagi dua pembolehubah kecerdasan emosi iaitu kesedaran kendiri (r = .12) dan pengawalan kendiri (r = .12) tidak menunjukkan hubungan yang signifikan dengan kecekapan kemahiran.

Secara keseluruhannya, dapatan kajian menunjukkan bahawa hubungan antara kecerdasan emosi dengan kecekapan kemahiran adalah menunjukkan hubungan signifikan sederhana teguh yang positif. Nilai pekali bagi keseluruhan domain kecerdasan emosi ialah r = .65, p $\square$ .01. Dapatan ini menunjukkan bahawa peningkatan kecerdasan emosi mendorong kepada pemantapan kecekapan kemahiran dalam kalangan guru-guru kaunseling.

Kepentingan kecerdasan emosi dalam meningkatkan kemahiran-kemahiran kaunseling dalam proses tolong bantu memang tidak dapat disangkal lagi. Penguasaan kemahiran sosial, empati, motivasi kendiri, pengawalan kendiri dan kesedaran kendiri dalam kalangan guru-guru kaunseling, dapat memberi manfaat dan menjadi kekuatan kepada mereka dalam meningkatkan kecekapan kemahiran.

Penguasaan kecerdasan emosi yang tinggi dapat dizahirkan melalui keperibadi seseorang guru kaunseling yang sentiasa tenang, mudah didampingi, mempunyai kemahiran komunikasi intrapersonal dan interpersonal serta suka membantu orang lain. Pendekatan keperibadian begini akan menjadi asas dalam membina perhubungan yang mesra, efektif dan menyumbang kepada terbinanya hubungan yang terapiutik dalam proses kaunseling yang dijalankan. Dalam konteks ini, kecekapan kemahiran khususnya dalam kemahiran mendengar yang efektif menjadi teras yang penting dihayati oleh guru-guru kaunseling dalam memastikan hubungan yang terapiutik dapat dibina dan seterusnya memastikan kejayaan sesi kaunseling yang dijalankan.

Selain itu, guru kaunseling yang mempunyai kemahiran mempengaruhi, mampu menggalakkan kliennya untuk berkomunikasi secara terbuka dan jujur, berkebolehan merangsang perasaan percaya dan yakin pada diri klien serta memiliki kemahiran komunikasi dengan rasa prihatin dan hormat kepada klien juga merupakan satu kemahiran yang penting. Ciri-ciri kemahiran ini seperti yang terangkum dalam kecekapan kemahiran khususnya kemahiran mempengaruhi merupakan satu teras dalam membantu klien memahami, menerima dan seterusnya membimbing klien berhadapan dengan isu permasalahan yang dihadapi dalam mencapai matlamat sesi kaunseling yang dijalankan.

Secara keseluruhannya didapati, apabila kecerdasan emosi yang tinggi disepadukan dengan kecekapan kemahiran yang merangkumi kemahiran mendengar dan kemahiran mempengaruhi, akan memberi implikasi positif terhadap sesi kaunseling yang dijalankan dan seterusnya menjadi antara faktor penyumbang kejayaan perkhidmatan kaunseling yang diberikan.

Dapatan ini menyokong kajian yang dijalankan oleh (Mohd. Azhar, 2008), yang menyatakan bahawa di kalangan guru-guru kaunseling yang dapat menguasai kompetensi kecerdasan emosi, akan meningkat kecekapan kaunseling secara langsung kerana kompetensi kecerdasan ini terbukti memudahkan pengurusan, meningkatkan kemahiran memimpin, menguruskan tekanan, meningkatkan kreativiti dan memudahkan komunikasi.

Dapatan kajian ini juga menyokong kajian yang berkaitan dengan hubungan antara kompetensi kecekapan kemahiran dan personaliti kaunselor yang telah dijalankan oleh Sihak dan Nadia (1990). Dapatan kajian ini menunjukkan terdapat hubungan yang signifikan antara tret personaliti kaunselor yang kompeten dan memiliki tahap kemahiran yang tinggi berbanding dengan kaunselor yang tidak kompeten dan kurang menguasai kemahiran kaunseling.

Seterusnya, dapatan ini menyokong dan mengukuhkan pandangan Boyatzis (2002), yang menyatakan untuk menjadi seorang kaunselor yang berkesan dan pembimbing eksekutif, seseorang itu perlu sensitif dengan perasaan diri sendiri dan juga orang lain. Kedua-dua kompetensi kecerdasan yang utama ialah kesedaran kendiri dan empati, menunjukkan hubungan signifikan dengan kemahiran kaunseling seseorang kaunselor.

5.4.4.2 Hubungan Antara Tahap Kecerdasan Emosi Dengan Perkembangan Personal

Analisis korelasi telah dilakukan untuk menunjukkan hubungan antara tahap kecerdasan emosi dengan tahap perkembangan personal. Berdasarkan analisis korelasi didapati, pembolehubah empati, kemahiran sosial, dan motivasi kendiri menunjukkan hubungan signifikan sederhana teguh dan positif dengan perkembangan personal. Nilai korelasi Pearson yang tertinggi ialah ($r = .67$) untuk pembolehubah empati, diikuti dengan kemahiran sosial ($r = .61$) dan motivasi kendiri ($r = .30$). Manakala, bagi pembolehubah kesedaran kendiri ($r = .21$) dan pengawalan kendiri yang memperolehi nilai korelasi Pearson yang terendah ($r = .15$), didapati tidak menunjukkan hubungan yang signifikan dengan perkembangan personal.

Keputusan pekali Pearson telah menentukan hubungan antara komponen kecerdasan emosi dengan perkembangan personal dalam kalangan guru-guru kaunseling sekolah menengah. Secara keseluruhannya, kajian ini mendapati wujudnya hubungan signifikan sederhana teguh yang positif antara komponen kecerdasan emosi dengan perkembangan personal dalam kalangan guru-guru kaunseling. Nilai pekali bagi keseluruhan domain kecerdasan emosi ialah $r = .67$, p $\square$ .01. Analisis korelasi daripada dapatan ini menunjukkan terdapatnya perkaitan antara tahap kecerdasan emosi dengan tahap perkembangan personal dalam kalangan guru-guru kaunseling daerah Kulaijaya, Johor.

Ciri-ciri kecerdasan emosi seperti empati, kemahiran sosial dan motivasi kendiri, domain kesedaran kendiri dan pengawalan kendiri, merupakan tret peribadi yang harus dimiliki oleh setiap guru kaunseling dalam usaha memperkembangkan potensi dan membina jati diri klien. Tahap penguasaan kecerdasan emosi yang tinggi dalam kalangan guru-guru kaunseling adalah berkecenderungan mempengaruhi penguasaan perkembangan personal yang menjadi teras utama dalam menjalankan proses kaunseling yang berkesan.

Keupayaan guru kaunseling dalam memahami perasaan dan memahami keperluan klien menyumbang kepada keberkesanan proses penyelesaian masalah dalam sesi kaunseling yang dijalankan. Ciri-ciri penting ini, seperti yang terdapat dalam perkembangan personal khususnya dalam kemahiran sensitiviti emosi dapat memperluaskan ruang sensitiviti guru kaunseling dalam membantu meningkatkan keyakinan diri dan mendorong perkembangan diri klien ke arah yang lebih positif.

Selain dari itu, kemahiran silang budaya yang menekankan pada aspek kepekaan guru kaunseling dalam memahami emosi, nilai kepercayaan dan cara hidup klien merupakan satu aspek yang tidak boleh dipandang ringan terutama dalam masyarakat Malaysia yang terdiri dari berbilang bangsa, agama dan budaya. Dalam usaha menangani isu-isu pelajar pelbagai kaum, menuntut guru-guru kaunseling menguasai perkembangan personal khususnya dalam kemahiran silang budaya. Dalam konteks kemahiran silang budaya ini memerlukan guru-guru kaunseling berusaha mempertingkatkan kualiti kecerdasan emosi khasnya yang melibatkan kebolehan mengawal emosi diri, penyesuaian, kepercayaan kendiri, dan kebertanggungjawaban bagi mengelakkan berlakunya *bias* agama dan kaum.

Dapatan ini menyokong kajian oleh Constantine dan Gainor (2001) untuk melihat hubungan antara EQ dan empati terhadap kesedaran dan pengetahuan pelbagai budaya di kalangan kaunselor. Hasil kajian mendapati kaunselor mempunyai tahap EQ yang tinggi juga menunjukkan tahap pengetahuan kaunseling pelbagai budaya yang tinggi. Pengetahuan kaunselor terhadap kaunseling pelbagai budaya adalah signifikan dengan tahap empati.

Dapatan kajian ini juga menyokong kajian yang dijalankan oleh Torres *et.al.* (2001) untuk mengkaji hubungan antara perkembangan kemahiran personal kaunselor. Dapatan kajian menunjukkan bahawa terdapat hubungan yang kuat antara kesedaran personal dan kemahiran kaunseling. Dapatan kajian ini juga mendapati wujud hubungan yang kuat antara kesedaran personal dengan kemahiran silang budaya.

Seterusnya, kajian ini juga mempunyai keselarian dapatan dengan kajian Hilmi (2006), yang mengkaji hubungan antara kompetensi kemahiran kaunseling, pengetahuan dan kesedaran kaunseling budaya dengan efikasi kendiri kaunselor. Hasil dapatan kajian mendapati bahawa terdapat perkaitan yang signifikan dan positif antara kaunseling pelbagai budaya dengan ikatan kerjasama kaunselor-klien. Dapatan kajian ini juga menunjukkan terdapat hubungan yang positif dan signifikan antara efikasi kendiri dengan kecekapan kaunseling pelbagai budaya.

5.5   Implikasi Dan Sumbangan Kajian

Dalam menghadapi pelbagai cabaran semasa menghadapi tugasan, seseorang guru kaunseling perlu menyediakan dirinya dengan penguasaan kecerdasan emosi yang tinggi dan kecekapan kemahiran dan perkembangan personal yang secukupnya.

Kajian ini menyediakan huraian terperinci tentang kepentingan kecerdasan emosi yang merupakan salah satu aspek penting dalam mengendalikan proses kaunseling. Keupayaan dalam aspek kesedaran kendiri, pengawalan kendiri, memotivasikan diri, berempati dan mempunyai kemahiran sosial yang tinggi sememangnya relevan dan perlu diimplimentasikan di dalam perkhidmatan tolong bantu. Keupayaan guru kaunseling menguasai komponen kecerdasan emosi yang tinggi, membawa kepada keupayaan mereka untuk mengawal emosi diri, belajar menyesuaikan diri dengan masalah yang dihadapi, menunjukkan sikap lebih berempati, dapat menerima serta dan memahami klien dengan baik serta memberikan pendidikan emosi yang baik kepada pelajar. Ini menunjukkan bahawa kecerdasan emosi memainkan peranan membantu guru kaunseling menghadapi cabaran dalam profesion kaunseling.

Pengenalpastian tahap kecerdasan emosi menyediakan maklumat berharga kepada guru-guru kaunseling dalam menilai keberkesanan diri dan seterusnya menjadi pemangkin ke arah peningkatan kualiti perkhidmatan bimbingan dan kaunseling. Guru kaunseling bukan saja perlu mengetahui dan menyedari kepentingan elemen kecerdasan emosi ini, malah mereka juga perlu mengimplementasikan elemen ini dalam menjalankan proses kaunseling sewaktu berinteraksi dengan klien. Penghayatan komponen kecerdasan emosi dalam perkhidmatan akan memberi manfaat yang paling maksimun kepada pelajar-pelajar sekolah kerana mendapat perkhidmatan bimbingan dan kaunseling yang terbaik daripada guru-guru kaunseling.

Selain itu, kajian ini turut memberi implikasi kepada pihak pengurusan sekolah. Dengan adanya pendedahan aspek kecerdasan emosi, maka pihak pengurusan sekolah boleh menjadikan aspek kecerdasan emosi ini sebagai salah satu faktor untuk mengenalpasti guru kaunseling yang menawarkan perkhidmatan bimbingan dan kaunseling yang berkualiti dan seterusnya boleh dijadikan panduan dalam membuat penilaian terhadap prestasi guru-guru kaunseling.

Dengan adanya pendedahan terhadap kepentingan kecerdasan emosi, maka pihak pentadbir sekolah juga boleh membuat refleksi terhadap pengukuhan dan pelaksanaan elemen kecerdasan emosi di sekolah khususnya dalam proses pengajaran dan pembelajaran serta dalam aktiviti ko-kurikulum. Interaksi yang baik antara pihak pengurusan, guru-guru, guru-guru kaunseling serta pelajar-pelajar sangat penting dalam usaha merealisasikan matlamat Falsafah Pendidikan Kebangsaan.

Dapatan kajian ini juga turut memberi implikasi kepada pihak pengurusan Pejabat Pelajaran Daerah Kulaijaya khususnya dan Jabatan Pelajaran Negeri Johor amnya. Hasil kajian ini dapat dijadikan panduan dalam membuat perancangan program-program peningkatan professionalisme guru-guru kaunseling. Program-program yang memberi penekanan terhadap kepentingan penguasaan tahap kecerdasan emosi yang tinggi di kalangan guru-guru kaunseling adalah amat diharapkan. Kejayaan menghayati nilai-nilai kecerdasan emosi ini bukan sahaja dapat membantu memperkasakan sahsiah guru-guru kaunseling malah menyumbang kepada usaha meningkatkan kualiti perkhidmatan bimbingan dan kaunseling yang diberikan di sekolah. Sehubungan dengan itu, usaha memartabatkan profesionalisme guru-guru kaunseling akan terus meningkat.

Hasil kajian ini juga akan memberi implikasi kepada Kementerian Pelajaran Malaysia kerana kecerdasan emosi yang juga merupakan elemen penting dalam menentukan halatuju dan kejayaan dunia pendidikan kelak. Aspek kecerdasan emosi telah termaktub dalam Falsafah Pendidikan Kebangsaan dan kepentingannya sangat jelas malah ia diletakkan berdiri sama pentingnya dengan aspek lain dalam kehidupan seperti kecerdasan intelek dan kecerdasan spiritual (Sanitah, 2004). Melalui kajian ini diharap akan dapat memberi gambaran kepada pihak kementerian terhadap perlaksanaan dan penerapan aspek tersebut di sekolah terutamanya menerusi peranan yang dimainkan oleh guru-guru kaunseling.

Akhir sekali, melalui dapatan kajian ini juga penyelidik menyarankan agar program pendidikan perguruan mengambilkira semua aspek penting untuk melahirkan bakal guru yang berdedikasi dan memiliki daya tahan yang tinggi. Ini termasuklah aspek berkaitan penguasaan kecerdasan emosi bagi menghadapi cabaran kerjaya dalam alam pendidikan nanti.

5.6 Batasan Dan Cadangan Untuk Kajian Lanjutan

Kajian ini masih mempunyai beberapa kekurangan. Perkara sedemikian tidak dapat dielakkan. Antara limitasi kajian ini adalah melibatkan sampel kajian yang kecil dan faktor ini sedikit sebanyak mempengaruhi dapatan kajian. Menurut Mohd. Najib (2003), sampel yang lebih besar akan mengurangkan ralat kajian berbanding dengan sampel yang kecil bilangannya.

Walaupun terdapat beberapa kekurangan, namun kajian ini dapat menghasilkan dapatan berkaitan kecerdasan emosi guru-guru kaunseling sebagai rujukan oleh pihak yang berkaitan dengan bidang pendidikan kaunseling dan psikologi.

Terdapat beberapa cadangan dikemukakan untuk tujuan penambaikan kajian lanjutan pada masa hadapan oleh pengkaji-pengkaji lain yang berminat dengan topik ini. Kajian susulan adalah sangat penting dalam meningkatkan tahap kecerdasan emosi guru-guru kaunseling.

Kajian yang dijalankan ini hanya melibatkan guru-guru kaunseling di sekolah-sekolah menengah di daerah Kulaijaya, Johor sahaja dengan menggunakan persampelan yang kecil. Oleh itu, penyelidik ingin menyarankan agar pengkaji seterusnya dapat meluaskan lagi skop kajian kepada guru-guru kaunseling di peringkat negeri (contohnya, negeri Johor) dengan jumlah sampel yang lebih besar agar maklumat yang lebih tepat diperolehi. Semakin besar saiz sampel, maklumat dan pola yang diperolehi juga akan lebih meyakinkan.

Pengkaji akan datang juga digalakan untuk memperluaskan skop kajian kecerdasan emosi dengan kecekapan kemahiran dan perkembangan personal dengan melibatkan guru-guru kaunseling sekolah rendah di kawasan bandar mahupun kawasan luar bandar bagi melihat tahap pengguasaan kedua-dua kumpulan guru kaunseling.

Dalam kajian ini, penyelidiki hanya memfokuskan kepada ciri-ciri demografi tertentu sahaja sedangkan ciri-ciri demografi lain juga boleh dikaji. Di masa akan datang, kajian juga boleh dibuat dengan menjadikan faktor demografi ini sebagai bahan kajian. Pengkaji akan datang digalakan mengkaji ciri-ciri demografi seperti umur, bangsa, agama, kelulusan akademik dan lain-lain.

Kajian-kajian akan datang juga boleh dijalankan untuk melihat kesan tahap kecerdasan emosi ke atas kompetensi guru-guru kaunseling dan keberkesanan perkhidmatan kaunseling yang diberikan.

5.8 Kesimpulan

Keputusan analisis dapatan kajian telah menghasilkan penemuan-penemuan yang mengenalpasti komponen kecerdasan emosi yang penting dalam meningkatkan kecekapan kemahiran dan perkembangan personal. Hal yang demikian membuktikan bahawa tahap kecerdasan emosi guru-guru kaunseling mempunyai kecenderungan untuk mempengaruhi tahap pengguasaan kecekapan kemahiran dan perkembangan personal dalam kalangan guru kaunseling.

Oleh itu, program-program yang dirancang perlu diberi perhatian kepada usaha-usaha untuk memperkasakan tahap pengguasaan kecerdasan emosi, kecekapan kemahiran dan perkembangan personal. Perkhidmatan yang cekap akan meningkatkan kualiti perkhidmatan yang berkesan.

Tahap kecerdasan emosi yang sederhana dan domain kesedaran kendiri pada tahap yang rendah dalam kalangan guru kaunseling menggambarkan keperluan kepada perancangan yang lebih strategik untuk membentuk potensi-potensi kecerdasan emosi yang lebih baik. Begitu juga tahap pengawalan kendiri, motivasi kendiri dan empati pada tahap yang sederhana memerlukan tindakan oleh semua pihak sebagai usaha untuk memulihkan kecerdasan emosi guru-guru kaunseling daerah Kulaijaya, Johor.

Walaupun hasil kajian ini tidak boleh dijadikan asas bagi mendakwa wujudnya hubungan sebab akibat, namun jelas menunjukkan bahawa tahap penguasaan kecerdasan emosi dan kecekapan kepimpinan kaunseling yang tinggi merupakan pembolehubah-pembolehubah yang saling berkait antara satu sama lain dan menjadi penyumbang kepada perkhidmatan bimbingan dan kaunseling yang berkualiti dan berkesan.

RUJUKAN

Abdul Rahman Abdul Aziz (2000). Kemahiran Sosial Asas. Kuala Lumpur : Utusan & Publication Distributors Sdn. Bhd.

Abdul Karim, 1998; Azmi Abd. Rahman, 2005; Gambang, 2005; Haslee, 2003; Abraham, R. (1999). Emotional intelligence in organizations: *A conceptualization. Genetic, Social & General Psychology Monographs,* 125,2,209.

Abraham,R. (2002). The Role Of Job Control As A Moderator Of Emotional Dissonance And Emotional Intelligence: Outcome And Relationship. *The Journal Of Psychology.* 134(2). 169-184.

Akta Kaunselor 1998 (Akta 580). Kuala Lumpur: Percetakan Nasional Malaysia Bhd.

Arbuckle, D.S. (1967). *Counseling and psychotheraphy: An Overview* : New York: McGraw Hill. Ary,R., Jacobs, L. & Razavieh, A. (1985). *Introduction to Research in Education.* (3 th. Ed). New York: Holt, Rinehart and Winston.

Ary, R. Jacobs, L.,and Razavieh, A., (1990). *Introduction to Research in Education.* 4 th. Ed). Orlando: Holt Rinehart Winston.

Azizi Yahya, Shahrin Hashim, Jamaluddin Ramli, Yusof Boon dan Abdul Rahim Hamdan (2007). *Menguasai Penyelidikan Dalam Pendidikan.* PTS Professional Publishing Sdn. Bhd.

Azlinda Mohd. Arif (2007). *Hubungan Kecekapan Guru Bimbingan & Kaunseling Dengan Faktor Demografi Dalam Menjalankan Sesi Kaunseling Di Sekolah Menengah Daerah Ulu Langat.* Kajian Ilmiah, Universiti Teknologi Malaysia.

Azliza Awang Kechil. (2004). *Hubungan Tahap Kecerdasan Emosi Dengan Tahap Kepuasan Kerja dan Komitmen Terhadap Kerjaya: Satu Kajian Di Kalangan Guru-guru Kaunseling Daerah Johor Bahru.* Kajian Penyelidikan Sarjana. Universiti Teknologi Malaysia.

Bahrick, Russell and Salmi,W. (1991). The Effect Of Role Induction In Trainees Perception Of Supervision. *Journal of Counseling and Development,* 69.

Bar-On, R (1996). *The Emotional Quotient Inventory (EQ I)*; A Test Of Emotional Intelligence. Toronto:Multi Health Systems.

Bar-On, R. (1997). *Bar-On Emotional Quotient Inventory (EQ-i): Technical Manual.* Toronto, Ontario, Canada: Multi-Health Systems.

Bar-On, R., dan Parker, J. D., (2000). *The handbook of emotional intelligence theory, development, assessment, application at home, school and in the workplace.* San Francisco: Jossey-Bass/Pfieffer.

Bernard, J.M. (1979). Theory and application. Supervisor Training A Discrimination Model. *Journal of Counselor Education and Supervision,* 19:60-68.

Boyatzis, R.E., (2002). Core Competencies in Coaching Others to Overcome Dysfunctional Behaviour: *Consortium for Research on Emotional Intelligence in Organizations,* Case Western Reserve University.

Brammer, L.M., (1981). *The Helping Relationship :* Process and Skills. Boston : Allyn and Bacon

Brammer, L., (1993). Teaching Personal Problem Solving to Adults. *Journal of Cognitive Psychotherapy*, 4, 267 – 280.

Burns, R. B., (2000). *Introduction to Research Methods. (4th Ed.).* Frenchs Forest: Pearson Education Australia Pty Limited.

Carkhuff, R.R., dan Berenson, B.R. (1967). *Beyond counseling and theraphy.* New York: Holt, Rinehart and Winston.

Centre for Creative Leadership, (1994). 07 August 2010. Available: http://www.yahoo.com/

Cherniss, C., (2000). Emotionally Intelligence: What it is and why it matters?. *Paper presented at the Annual Meeting of Society for Industrial and Organizational Psychology.* New Orleans.

Cherniss, C. dan Goleman, D., (2001). *The Emotionally Intelligence Workplace.* San Francisco: Jossey – Bass.

Che Supeni Abdul Ghani (2000). *Masalah Kaunselor Dalam Melaksanakan Perkhidmatan Bimbingan Dan Kaunseling Di Sekolah:* Satu kajian kes di daerah Kota Setar, Kedah. Kertas Projek Sarjana Pendidikan, Universiti Malaya.

Combs, A. (1982). *A Personal Approach to Teaching:* Beliefs That Make A Difference. Boston: Allyn & Bacon.

Constantine, M.G. dan Yeh, C. J., (2001). Multicultural Training, Self-Construal and Multicultural Competence of School Counselors. *Professional School Counseling*, 4: 202 -207.

Constantine, M.G., Madonna, G., Gainor, K. A., (2001*)*. Emotional Intelligence and Empathy: Their Relation to Multicultural Counseling Knowledge and Awareness. *Professional School Counseling*, 5(2): 131 -138.

Cooper, R., dan Sawaf,A., (1997). *Executive EQ: Emotional intelligence in leadership and organizations.* New York: Grosseflutnam.

Cooper,R., dan Sawaf, A., (1997). *Emotional Intelligence at work. Workforce,* 78(7), 68 - 71.

Corey, G., Corey, M., dan Callanan, P., (1998). *Issues and ethics in the helping professions (5 th. Ed.).* Pacific Grine, CA: Brooks/Cole.

Corey, G., Corey, M., dan Callanan, P., (2006). *Issues and ethics in the helping professions (7 th. Ed.).* Pacific Groove, CA: Brooks/Cole.

Cormier, W. H., dan Coemier, L. S., (1998). *Inteviewing strategies for helpers: Fundermental skills and cognitive behavioural interventions.* CA: Brooks/ Cole Publishing Company.

Davies, J., (1981). Counselor licences: Overskill? *Personal and Guidance Journal*, 60, 83-85.

DeVito, J.A., (2001). *The interpersonal communication book.* (9 th. ed). New York: Addison Wesley Longman, Inc.

Dictionary Of Occupation Titles (United States Development of Labour, 1991)

Dulewicz, V. dan Higgs, M., (2000). Emotional Intelligence: A Riview and Evaluation Study. *Journal of Managerial Psychology.* 15 (4), 341 – 372.

Easton, C. J., (2004). The Relationship between Emotional Intelligence and ounseling Self-efficacy. *Dissertation Abstract International Section A: Humanities and Social Sciences.* Vol 65(7-A).

Edil Torres et.al., (2001). Process versus content: Integrating personal awareness and counseling skills to meet the multicultural challenge of the twenty century. *Counselor Education and Supervision, Washington*, September 20011, vol.41.

Frankael, J. R., dan Wallen, N. E., (1996). *How To Design and Evaluate Research in Education.* New York : Mc Graw-Hill Publishing Co.

Fineman, S. (1993). *Emotion in organizations.* London: Sage.

Florence Fletcher (2007). *Hubungan Tahap Kecerdasan Emosi Dengan Tahap Kepuasan Kerja dan Komitmen Kerja Di Kalangan Guru Bimbingan Dan Kaunseling Sekolah Menengah Di Bandaraya Kuching, Sarawak.* Tesis Sarjana yang tidak diterbitkan. Universiti Teknologi Malaysia, Skudai.

Forgas, J. P., Bower, G. H., dan Krantz, S. E. (1984). The influence of mood on perceptions of social interactions. *Journal of Experimental Social Psychology, 20,* 497 -513.

Gardner, L., dan Stough, C., (2001). *Examining the Relationship Between Leadership and Emotional Intelligence in Senior Level Managers.* (12 August 2010), from: http://www.emeraldinsight.com.

Gall, M. D., Borg, W. R dan J.P. Gall, (1996). *Educational research.* New York: Longman Publishers USA.

Gibson, R. L. dan Mitchell, M. H. (1981). *Introduction to Guidance.* New York: Macmillan Publishing Company Incoperation, 27.

George, J. M., dan Bettenhausen, K., (1990). Understanding pro-social behavior, sales performance, and turnover: A group level analysis in a service context. *Journal of AppliedPsychology, 75,* 698-709.

George, J. M., dan Brief, A. P., (1996). Feeling good- doing good: A conceptual analysis   of the mood at work-organizational spontaneity relationship. *Psychological Bulletin,*112,310-329.

Goleman,D.E., (1995). *Emotional Intelligence.* New York: Bantam Books.

Goleman,D.E., (1996). *Emotional Intelligence: Why It Can Matter More Than IQ.* London: Bloomsbury Publishing.

Goleman, D., (1998). *Working With Emotional Intelligence.* New York: Bantam Books.

Goleman, D., (1999). E*motional Competence. Executive Excellence,* 16 (4), 19.

Goleman, D., Boyatzis, R., dan McKee, A. (2002). *Primal leadership: Realizing the power of emotional intelligence.* Boston: Harvard Business School Press.

Graziano, A.M., dan Raulin, M.L., (2004). Research methods: *A process of inquiry.* (5 th Ed.) Pearson Education Group, Inc. (USA).

Grossman, M., dan Wood, W., (1993). Sex differences in intensity of emotional experiences: A social role interpretation. *Journal of Personality and Social Psychology,* 65(5),1010-22.

Guilford, J.P., (1956). *Fundamental of Statistic on Psychology and education.* McGraw Hill: New York.

Hills, C. E. (2002). *Helping Skills.* Washington: American Psychological Association.

Inday, S., (2000*). Emotional intelligence development differences in boys and girls between 4 to 6 years of age.* Master Thesis. Universiti Putra Malaysia.

Isaac, S., dan Michael, W. B., (1984). *Handbook in Research and Evaluation.* San Diego: Edits Publisher.

Isen, A. M., Johnson, M. M. S., Mertz, E., dan Robinson, G. F. (1985). The influence of positive affect on the unusualness of word associations. *Journal of Personality and Social Psychology,* 48, 1413-1426.

Ivey, A. E., (1996). *International Interviewing and Counseling.* University of Massachusets. Brooks/ Cole Publishing Company, Monterey, California.

Ivey, A.E. dan Ivey, M.B., (2003). *Intentional interviewing and counseling, facilitating client development in a multicultural society* (5th. Ed.) Autralia, Canada, Mexico, Singapore, Spain, United Kongdoms, United States: Thomson, Brooks/ Cole.

Jabatan Pelajaran Negeri Johor, (2010). *Laporan Prestasi Pencapaian Akademik – Peperiksaan Sijil Pelajaran Malaysia*. Sektor Pengurusan Akademik, Jabatan Pelajaran Negeri Johor.

James, Poon Teng Fatt. (2002). Emotional Intelligence: For Human Resource Managers. *Management Research News*. 25 (11). 57-74.

Jolly, A. L. (2001). *Mindfulness and meditation as a tool for stress reduction and employee effectiveness*. Master thesis, Pepperdine University, The George L. Graziado School of Business and Management.

Johnson, P. R. dan Indvik, J. (1999). Organizational benefits of having emotionally intelligent managers and employees. *Journal of Workplace Learning*, 11 (3), 84 – 88.

Kamus Dewan (1999). Kementerian Pendidikan Malaysia: Kuala Lumpur: Dewan Bahasa Dan Pustaka.

Karen, E. dan Garret, M. (2003). *A Measure of Counselor Competency*. Counselor Education and Supervision, 43, 120 – 133.

Kementerian Pelajaran Malaysia (1964). *Pekeliling Perlantikan Guru Bimbingan, KP/5209/35/4(4)*. Bahagain Perancangan dan Penyelidikan Pelajaran (EPRD).

Kementerian Pelajaran Malaysia (1968). Outline of guidance services. Kuala Lumpur: Bahagian Perancangan dan Penyelidikan Pelajaran (EPRD).

Kementerian Pelajaran Malaysia (1982). Surat *Pekeliling Pentadbiran No. 3/67*. Bahagian Perancangan dan Penyelidikan Pelajaran (EPRD).

Kementerian Pelajaran Malaysia (1996). *Pekeliling Ikhtisas Bil. 3/1996* - Panduan Tambahan: Perlantikan Guru Kaunseling Sepenuh Masa di Sekolah Menengah. Bahagian Sekolah, Jabatan Sekolah.

Kementerian Pelajaran Malaysia. (2002*). Falsafah Pendidikan Negara*. Bahagian Sekolah, Jabatan Sekolah.

Kepimpinan Pendidikan Di Malaysia. Yahya Don. PTS Professional.
Kouzes, J., & Posner, B. 2003. *The leadership challenge*. San Francisco: Jossey-Bass.

Liew Phaik Guat Selina, Gan Teck Hock Dan Sia Pong Won (2002). *Tahap Kecerdasan Emosi Murid-Murid Tahun Lima Di Kawasan Miri Sarawak.* Projek Sarjana Muda, Universiti Teknologi Malaysia, Skudai.

Lauver, P. dan Harvey, D.R., (1997). *The practical counselor: Elements of effective helping.* Pacific Groove: Brooks/ Cole Pubs. Comp.

Mahmood Nazar Mohamed. 1990. *Pengantar Psikologi – Satu Pengenalan Asas Kepada Jiwa dan Tingkahlaku Manusia.* Kuala Lumpur: Dewan Bahasa dan Pustaka.

M. Shariff Mustaffa, Roslee Ahmad Sulaiman Shakib dan Azizi Yahya, (2005). *Kemahiran lanjutan dalam kaunseling.* Skudai: Penerbit Universiti Teknologi Malaysia.

Mayer, J.D. dan Salovey, P., (1990). Emotional intelligence. *Imagination, Cognition and Personality,* 9, 185 – 211.

Mayer, J.D. dan Salovey, P., (1997). *What Is Emotional Intelligence?.* New York: Basic Books.

Mayer, J.D., Salovey, P., dan Caruso, D.R., (2000). Models *of emotional intelligence. In RJ. Sternberg (Ed.).* The handbook of intelligence (pp.396 – 420). New York: Cambridge University Press.

McBurney, D.H. dan White, T.L., (2004*).* *Research methods.* Belmont, CA: Wadwortth Publishing Company.

McCarthy, W.C. dan Frieze, I.H., (1999). Negative aspects of theraphy: Client perceptions of therapists' social influence, burnout and quality of care. *Journal of Social Issues,* 55(1), 33 – 50.

McGarvey, R., (1997*).* *Final Score: Get more from employees by upping your EQ.* Entrepreneur, 25 (7), 78 – 81.

McManus, M. (2001). *A Comprehensive Literature Review and Critique on Emotional Intelligence as a Conceptual Framework for School Counselor.* A Research Paper for Master Degree. University of Wisconsin, Stout.

Mohamad Hashim dan Sharifah Amnah (2005). Aras Keyakinan Warga Sekolah Terhadap Peranan dan Tanggunjawab Kaunselor Di Sekolah Menengah. *Prosiding Kaunselor Kebangsaan* 2005. Kuching Serawak. 28-30 Sept.

Mohd Majid Konting. (2000). *Hubungan Penyelidikan Pendidikan* (Edisi Kelima). Kuala Lumpur : Dewan Bahasa dan Pustaka.

Mohd. Najib Ghafar (1999). *Kestabilan Emosi Guru: Perbandingan antara pensyarah dan pelajar.* Jurnal Teknologi, 32(E), 1 – 10.

Mohd Najib Abd. Ghaffar, Azizi Hj. Yahya dan Yusof Boon (2002). *Kecerdasan Emosi: Perbandingan Pelatih Pengurusan Ijazah Pertama Dan Ijazah Lanjutan.* Kajian Jangka Pendek (RMC) yang tidak diterbitkan. Universiti Teknologi Malaysia, Skudai.

Mohd Najib Abd. Ghafar, Azizi Hj. Yahaya dan Yusof Boon. (2002). *Kestabilan Emosi di Kalangan Pensyarah dan Pelajar Fakulti Pendidikan.* Kajian Jangka Pendek (RMC)yang tidak diterbitkan. Universiti Teknologi Malaysia.

Mohd. Najib Ghafar (1999). *Penyelidikan Pendidikan.* Johor : Penerbit Universiti Teknologi Malaysia.

Mohd Najib Abd. Ghafar. (2003). *Kaedah Penyelidikan Dalam Pendidikan.* Skudai: Penerbit Universiti Teknologi Malaysia.

Munro, E.A., Manthei, R.J. dan Small, J.J. (1983). *Counseling a skills approach.* New Zealand: Methuen Pubs. Ltd.

Murray, B., (1998). *Does emotional intelligence matter in the workplace?* APA's Annual Convention, 29 (7) Available: http://www.apa.or-nonitor/jul98/emot.html. 03 July 2010.

Mohd Azhar Abdul Hamid (2004). *Panduan Meningkatkan Kecerdasan Emosi.* PTS Publication And Distributors Sdn. Bhd.

Miller, M. (1999). Emotional intelligence helps managers succeed. *Credit Union Magazine, 65,* 7,25.

Nor'Azian Rohani (2009). *Hubungan kecekapan kemahiran kaunseling dengan kepuasan kerja di kalangan kaunselor sekolah menengah negeri Johor.* Kajian Sarjana, Universiti Teknologi Malaysia.

Noriah Mohd Ishak, Ramlee Mustapha dan Norehah, (2002). *Personality profile of technical and non technical students.* International Journal Of Vocational Education And Training, 10(2), 61-71.

Noriah Mohd Ishak, Siti Rahayah Ariffin, Ramlee Mustapha dan Syed Najmuddin Syed Hassan, (2003). *Kecerdasan Emosi Dan Hubungannya Dengan Nilai Kerja di Kalangan Guru MRSM.* Jurnal Teknologi, 39 (E), 77 - 84.

Noriah Mohd Ishak, Ramlee Mustapha, Zuria Mahmud & Siti Rahayah (2006). *Emotional intelligence of Malaysia Teacher :* Implications in workplace productivity. *International Journal of Vocational Education and Training,* 14(2), 8 – 24.

Nunnally, J.C. (1978). *Psychometric Theory* (2 nd. Ed). New York: McGraw-Hill.

O'Rourke IV,J.S., (2001). *Management communication – A case analysis approach.* Upper Saddle River, New Jersey: Prentice Hall.

Prakas Rao A/L Apparao (2001). *Perkaitan antara Kecerdasan Emosi Dengan Prestasi Akademik Mahasiswa Dan Mahasiswi di UTM.* Projek Sarjana Muda, Universiti Teknologi Malaysia.

"Panduan Aplikasi Psikologi Dalam Pengurusan Sumber Manusia Sektor Awam". Dalam Pekeliling Perkhidmatan Bil 18, K.P.M. (2005)

Patterson, L. E. dan Eisenberg, S. (1983). *The Counseling Process.* Boston: Houghton Mifflin.

Yahya Mahmood Dan Donna, Ng Li Eng (2001). Tahap dan Peranan kecerdasan Emosi (EQ) Di Kalangan Pelajar-Pelajar Remaja Di Bangku Sekolah. *Jurnal Psikologi Dan Pembangunan Manusia.*

Reimy Suriany Md Said. (2001). *Kecerdasan Emosi (EQ) dan Permasalahan Pelajar UTM, Skudai.* Projek Sarjana Muda yang tidak diterbitkan. Universiti Teknologi Malaysia.

Ritter, A., Bowden, S. Murray, T., Ross, P., Greeley, J., & Pead, J. (2002*). The influence of therapeutic relationship in treatment for alchohol dependency.* Drug and Alchohol Review, 21, 261 – 268.

Ryan, R.M. dan Deci, E.L., (2000). *Intrinsic and extrinsic motivations:* Classic Definitions and New Directions. *Contemporary, Educational Psychology,* 25, 54-67.

Sabariah Siron (2004). *Teori kaunseling dalam perhubungan menolong.* Malaysia: Printice Hall Pearson Malaysia Sdn. Bhd.

Saedah Siraj, Zainun Ishak dan Tunku Mohani Tunku Mokhtar (1996). *Motivasi dalam Pendidikan.* Kuala lumpur: Utusan Publications & Distributors Sdn. Bhd.

Sala, F. 2002. *Emotional Competence Inventory (ECI): Technical Manual.* HayGroup: McClelland Center for Research and Innovation. Publishing.

Sapora Sipon (2001). *Kepimpinan Profesional Kaunselor Sekolah: Realiti atau Mitos.* Kertas Kerja yang Dibentangkan Dalam Prosiding Seminar Kepimpinan Profesional dan Akademik dalam Pendidikan Guru Alaf Baru. Institut Aminudin Baki.

Sekaran, U. (2000). *Research Methods for Business.* John Wiley & Sons, New York.

Siham Abu-Eita dan Nadia Sherif (1990). Counselor Competencies and Personality Traits at Secondary School in Kuwait. *International Journal for the Advancement of Counseling,* 13, 27-38.

Siti Halimah Syed Nordin (2003). Tekanan Kerja Di Kalangan Guru-Guru Kaunseling. *Seminar Kaunseling Kebangsaan.* Kementerian Pendidikan Malaysia.

Skovholt, T. dan D'Rozario, V. (2000). Potraits of outstanding and inadequate teachers in Singapore: The impact of emotional intelligence. *Teaching and Learning,* 21(1), 9 – 17.

Smarby, Marlowe H. et.al., (2005). *Performance assessment of skills and personal development of counseling students as predictors of social influence rating by client.* Education, 0013117. vol. (126): Issue 1.

Smigla, J. E. dan Pastoria, G. (2000). *Emotional intelligence: Some have it, others can learn. CPA Journal,* 70, 6 – 60.

Stock, B. (2001). *Emotional intelligence and CEO succession.* Corporate Board, 22, 128, 11.

Stipek, D. (1988). *Motivation to learn: From theory to practice.* Eaglewood Cliff, NJ : Prentice Hall.

Sulaiman Masri (2003). *Kaedah Penyelidikan Dan Panduan Penulisan (esei, proposal, t esis).* Kuala Lumpur : Utusan Publication & Distribution Sdn Bhd.

Sue, D., Arrenando, P., dan McDavies, R. J., (1992). Multicultural counseling competencies and standards: A call to the Profession. *Journal of Multicultural Counseling and Development,* 20, 64-68.

Sue, D.W., Ivey, A.E. dan Pedersen, P.B., (1997). *A theory of multicultural counseling and therapy.* Pacific Groove, CA: Brooks/ Cole.

Suradi Salim (2004). Perkhidmatan Kaunseling di Malaysia: Perkembangan, cabaran dan halangan. *Syarahan Perdana di Dewan Bestari,* Universiti Malaya, Kuala Lumpur.

Suradi Salim (2005). Halatuju Penyelidikan Kaunseling di Malaysia. *Jurnal PERKAMA,* 11:1-14.

Syafrimen, Rorlinda Yusof dan Noriah Mohd. Ishak, (2007). Kualiti Profesionalisme Guru-Guru Kaunseling Dalam Perkhidmatan Pendidikan Kebangsaan. *Kertas Kerja yang Dibentangkan Pada Seminar Isu-Isu Pendidikan Kebangsaan,* 13 - 14 Februari 2007 di ESSET.

Syed Najmuddin Syed Hassan. (2005). *Faktor kecerdasan emosi serta hubungan dengan nilai kerja dan prestasi kerja guru Maktab Rendah Sains MARA.* Tesis Doktor Falsafah. Fakulti Pendidikan, Universiti Kebangsaan Malaysia.

Torres-Rivera, E., Wilbur, M. P., Robert-Wilbur, J. dan Phan, L.T. (1999). Group Latino client. *Journal for Specialists in Group Work,* 24, 383 – 404.

Torres-Rivera, E., Wilbur, M.P., Maddox, C.D., Marlowe, H., Smaby, Phan, L.T.,and Tlanusta, G.M. (2001). *Process versus content: Integrating personal awareness and counseling skills to meet the multicultural challenge of the twenty first century.* Counselor Education and Supervision. (Sept. 01, 2001).

Vinai, V. dan Satita, J. (2001). *The relationship between emotional quotient and leadership effectiveness in life insurance business organizations.* http://www.journal.au.edu/abac journal/2001/May 01/relationship.pdf.

Weisenger, H., (1998). *Emotional Intelligence at Work.* San Francisco: Jossey – Bass.

Weisenger, H., (2000). *Emotional Intelligence at Work.* San Francisco: Jossey – Bass

Weirsma, W., (2000). *Research Method in Education: An Introduction. (7th. ed.)* Needham Heights, MA: Allyn and Bacon.

Welfel, E. R., Patterson, L.E. (2004). *The counseling process. A multi theoretical integrative approach* (6th. Ed.). Australia: Thomson Brooks/ Cole.

Welfel, E. R. (2006). *Ethics in counseling & psychotheraphy: Standards, research & emerging issues (3rd.Ed.).* Cleveland State University. Thomson Brookes/ Cole, U.S.A.

Whiston,S.C. dan Coker, J.K., (2000). *Reconstructing clinical training*: Implications from research. *Counselor education and Supervision*, 39, 228 – 252.

Wilbur, M.P. (1991). *Counselor skills and personal development rating form.* Unpublished Instrument. University of Connecticut Storrs.

Wilbur, M.P., Robert-Wilbur, J., Hart, G.M., Moris, J.R. dan Bertz, R.L. (1994). *Structured group supervision: A Pilot Study.* Counselor Education and Supervision, 33(4), 262 -279.

Williams, J. E. (2001). *Self Reported Multicultural Counseling Competence of Counseling Students in Ohio, Indiana and Kentucky: Starting With The Person in The Mirror.* University of Cincinnati.

Yahaya Mahmood dan Donna, Ng Li Eng. (2001). *Tahap dan Peranan Kecerdasan Emosi (EQ) di Kalangan Pelajar-pelajar Remaja di Bangku Sekolah.* Jurnal Psikologi dan Pembangunan Manusia.

Zainudin Hj. Yusoff. (2000). *Hubungan Kecerdasan Emosi dengan Kepimpinan: Tinjauan di kalangan Pemimpin-pemimpin Pelajar UTM, Skudai.* Projek Sarjana Muda yang tidak diterbitkan. Universiti Teknologi Malaysia.

Zakiah Mohamad (2005). *Program Mentor Kaunselor.* Prosiding 2, Seminar Kaunseling anjuran Kementerian Pelajaran Malaysia kali ke-2. Hotel City Bayview, Kedah: 30 Mei – 2 Jun.

Zuria Mahmud (2005). *Perlunya kaunselor sekolah menjalankan sesi kaunseling.* Seminar Kaunseling anjuran Kementerian Pelajaran Malaysia kali ke-2. Hotel City Bayview, Kedah: 30 Mei – 2 Jun.